# 누구나
# 한번쯤
### 읽어야 할
# 손자병법

삶을 일깨우는 고전산책 시리즈 02

# 누구나 한번쯤 읽어야 할 손자병법

미리내공방 편저

읽으면 힘을 얻고
깨달음을 주는 지혜의 고전

정민
미디어

머
리
말


《손자병법孫子兵法》은 중국 춘추전국 시대 제齊나라의 병법가인 손무孫武, BC 6~BC 5세기경가 지었다고 전해진다. 그 후 손무의 자손인 손빈孫濱에 의해 수정되었다는 설도 있다.

《손자병법》은 총 13편으로 구성되어 있는데 처음 3편은 총론 부분으로 전쟁 전에 생각할 것들을 밝힌 계편計篇, 군비와 동원 문제를 다룬 작전편作戰篇, 싸우지 않고 승리하는 법을 펼친 모공편謀攻篇으로 되어 있다.

가운데 3편은 군대를 어떻게 움직여야 하는가를 설명한 군형편軍形篇, 군조직의 짜임새를 적은 병세편兵勢篇, 싸움에서의 허와 실을 논한 허실편虛實篇 등 이른바 전술 원론에 해당하는 부분이다.

나머지 7편은 각론으로써 전쟁의 방법과 계략을 설명한 군쟁편軍爭篇, 아홉 가지 변칙을 다룬 구변편九變篇, 전투 전의 최후 점검 사항을 적은 행군편行軍篇, 지형 판단과 군대 통솔법을 적은 지형편地形篇

과 구지편九地篇, 불로써 공격하는 원리를 쓴 화공편火攻篇, 적의 정보를 수집할 때의 방법을 설명한 용간편用間篇 등으로 구성되어 있다.

중국의 병서兵書에는 여러 가지가 있다. 그중에서도 중국의 7대 병법서로 꼽는 《손자孫子》, 《오자吳子》, 《육도六韜》, 《삼략三略》, 《사마법司馬法》, 《위료자尉繚子》, 《이위공문대李衛公問對》 등은 이른바 '무경칠서武經七書'로 불린다. 그런데 이 중에서도 《손자병법》이 단연 으뜸이다. 무경칠서의 저자들도 자신들의 책에서 《손자병법》이 천고의 진리를 담고 있다고 입을 모을 정도다.

《손자병법》은 약 2500여 년 전에 쓴 글이지만 현대사회의 각 분야에 걸쳐 적용이 안 되는 곳이 없을 정도로 그 내용이 깊다는 것이 매력이다. 이른바 '처세술의 처세술'로서 정치, 경제, 사회 등 여러 영역에서 그 진리가 통한다. 그만큼 《손자병법》의 내용은 넓고 깊으며 합리적이다.

이제 《손자병법》으로 생을 살아가는 데 필요한 인생의 전략과 전술을 깨달아 익히자. 《손자병법》이 나를 알고 상대를 알아 백전백승하는 인생길을 날마다 열어줄 것이다.

미리내공방

# 차 례

計

계

먼저 나와 적을 헤아려라

미친척하되 미치지 마라

兵者詭道也
병자궤도야

故能而示之不能用而示之不用
고능이시지불능 용이시지불용

近而視之遠 遠而示之近
근이시지원원이시지근

전쟁이란 궤도 즉, 속이는 것이다. 그러므로 내 능력이 있다 해도 무능한 것처럼 보이고, 군대를 잘 부리면서도 못 부리는 것처럼 하며, 가까운 곳이 보고 싶으면 먼 곳을 보는 척하고, 먼 곳을 보고 싶으면 가까운 곳을 보는 척하여 적을 속여야 한다.

날카롭고 성급하게 행동하기보다는, 오히려 아둔하고 인생에서 아무것도 성취하지 못한 사람처럼 행동하라. 대개 세상에서 자신의 목표를 달성한 사람은 좀 어리석어 보이는 사람들이었다. 천둥번개가 엄청난 힘으로 하늘을 가로지르기 전의 고요함과 같은 이치로 산다면 성공할 수 있을 것이다.

위魏나라 명제明帝 때 있었던 일이다. 명제는 자기 운명이 다함을 알자 나이 어린 태자 조방曹芳에게 왕위를 계승하였다. 그리하여 조정은 사마의司馬懿와 조상曹爽에 의해 운영되었다. 그런데 조상은 어린 태자의 유약함을 이용해 호시탐탐 권력을 장악할 기회를 노리며 횡포를 부리기 시작했다. 조상의 횡포를 보다 못한 사마의는 관직을 버리고 물러나 앉았을 뿐만 아니라 사마사司馬師, 사마소司馬昭 두 아들에게도 관직을 버리고 일선에서 물러나라고 일렀다. 그러자 조상은 더욱 기가 살아 자기의 친족과 지기知己들을 마구잡이로 등용했다.

그러던 어느 날, 조상의 휘하에 있는 이승李勝이라는 자가 사마의가 살고 있는 지방에서 형주 지방으로 떠나게 되었다. 그러자 조상은 이승을 시켜 사마의에게 고별인사를 하는 척하면서 그가 어떻게 지내고 있는지 동정을 살펴보라고 일렀다. 이승은 그 길로 사마의의 집으로 찾아갔다.

이승이 온다는 전갈을 받은 사마의는 아프지도 않은데 일부러 자리를 깔고 드러누워 앓는 시늉을 했다.

"빨리 병이 쾌차하시길 바랍니다. 저는 형주의 관리로 임명되어 떠납니다."

이승이 마음에도 없는 인사를 하자 사마의가 잘못 알아들은 척하며 말했다.

"어디? 정주라고?"

"정주가 아니라 형주입니다. 형주!"

"아무튼 정주에 가서도 임무를 잘 수행하시게."

이승은 사마의의 집을 나와 곧장 조상에게로 달려갔다.

"사마의는 앞으로 얼마 살 수가 없을 것 같습니다. 말귀도 잘 못 알아듣고 있습니다."

그 후부터 조상은 사마의를 더 이상 경계하지 않았다.

그러나 서기 249년, 사마의 부자는 시기가 무르익자 정변을 일으켰다. 사마의는 맨 먼저 조상을 붙잡아 꿇어 앉혔다.

"조상, 당신은 그동안 너무나 많은 비리를 저질렀소."

"어디 증거를 대 보시오!"

여전히 도도한 자세를 굽히지 않는 조상의 코앞에 사마의는 각종 문서들을 들이대며 말했다. 그러자 조상은 놀라며 언제 그런 것들을 다 챙겼느냐고 물었다. 사마의가 지그시 웃음을 지으며 말했다.

"나는 그동안 아프지 않은데도 아픈 척, 바보가 아닌데도 바보인 척하며 지냈소."

그리하여 조상은 일체의 공직에서 물러나게 되었고, 법에 따라 심판을 받았다. 사마의는 그가 말했던 것처럼 속으로는 정변을 계획하면서도 겉으로는 바보인 척했던 것이다. 하지만 여기서 한 가지 알아두어야 할 것은 진짜로 어리석은 자들이 총명한 척하는 것은 위선이라는 것이다.

적의 분열을 부추겨라

적국 내부에 분열이 일어나면 더욱 분열을 부추기고, 서로 알력 다툼을 하고 있을 때는 서둘러 공격하지 말고 더욱 이간질을 시켜 스스로 멸망하기를 기다리는 전술이 있으니, 이는 곧 앉아서 호랑이의 싸움을 지켜보는 것과 같은 것이라 할 수 있다.

동한東漢 말 원소袁紹와 조조曹操는 황하黃河의 남북을 나누어 점령하고 있었다. 원소는 병력이 강했지만 부하를 단결시키지 못해 관도전官渡戰에서 주도면밀한 조조에게 패한 뒤 얼마 안 되어 병으로 죽게 되었다. 원소가 죽은 뒤 그의 세 아들인 원담袁譚, 원상袁尙, 원희袁熙는 서로 권력 싸움을 벌이기 시작했고, 그 결과 원담이 사망했다.

그러자 조조는 이 기회를 틈타 군대를 출동시켜 원상과 원희마저 하북河北 지방으로 쫓아내려 했다. 힘에 밀린 두 형제는 요동 지방의 공손강公孫康에게 몸을 의탁하기로 했다.

이를 본 조조의 전술 참모인 곽가郭嘉가 말했다.

"저들을 추격하여 없애야만 후환이 없을 것입니다. 그렇지 않으면 공손강 밑에서 힘을 키워 다시 쳐들어올 것입니다."

그러나 조조는 수염을 쓰다듬으며 말했다.

"그럴 필요 없소. 머지않아 공손강이 저 두 사람의 머리를 바치러 올 것이오."

"글쎄요. 과연 그럴까요?"

곽가는 고개를 갸웃거렸지만 조조는 확신에 찬 표정을 지었다.

한편 조조에게 패하고 요동의 공손강에게 투항하러 가던 원상, 원희 두 형제는 가는 도중에 모의를 꾸몄다.

"공손강은 우리에게 감정이 없으니까 후하게 대접해 줄 거야. 그러니 기회를 보아서 그를 없애자! 그러면 그의 지역이 우리 땅이 될 거고 거기서 뒷날을 도모하자."

그러나 두 형제가 온다는 소식을 들은 공손강은 그들보다 한 수 위였다. 분명히 자신에게 해코지를 할 거라고 생각한 공손강은 정병을 사방에 잠복시키고 난 뒤 공손히 두 사람을 맞이했다.

간단히 예를 치르고 연회장으로 들어가는 길에 두 형제는 좌우에 아무도 없는 틈을 타 품에서 단도를 꺼내들었다. 그러자 살기를 느낀 공손강이 급히 몸을 피하고 주위에 잠복해 있던 정병들이 뛰어나와 재빨리 두 형제의 팔을 비틀었다. 공손강은 꿇어앉은 두 형제를 크게 꾸짖었다.

"너희들은 개처럼 이곳으로 도망쳐 온 주제에 감히 나를 없애려고 수작을 부렸느냐? 너희들을 하늘의 이름으로 처형하겠다."

공손강이 고갯짓을 하자 순식간에 원상, 원희 두 사람의 머리가 베어졌고 그 목은 곧바로 조조에게 전해졌다.

조조의 말대로 두 형제의 목이 전해지자 곽가는 감탄을 금치 못했다. 그러자 조조가 웃으며 말했다.

"공손강은 자기는 가만히 있는데 공연히 두 형제 때문에 우리 군대의 공격을 받을까 봐 두려우면서도 또 한편으론 원씨 형제들에게 당할까 봐 염려하기도 했을 것이다. 만약 지난번에 우리가 공손강을 공격했다면 원씨 형제와 연합하여 공격해 와서 우리가 곤경에 처했을 것 아닌가. 결국 나는 힘들이지 않고도 이렇게 적의 목을 베었으니 뭘 더 바라겠는가. 하하하……."

佚而勞之　親而離之

攻其無備　出其不意

此兵家之勝　不可先傳也.

일이노지　친이리지

공기무비　출기불의

차병가지승　불가선전야

적이 편안하면 피로하게 만들고 연합국과 친밀하게 관계를 맺고 있으면 분열시킨다.
적이 무방비 상태로 있을 때는 공격하고 적의 허점이 보일 경우에는 불시에 출병한다.
이것이 전쟁에서 승리하는 비결이니 먼저 이것이 적에게 전해져서는 안 된다.

## 죽은 산돼지에게서 얻은 깨달음

兵者國之大事 병자국지대사
死生之地 사생지지
存亡之道 존망지도
不可不察也 불가불찰야

전쟁이란 나라의 중대한 일이다. 사람들이 죽고 사는 일이고 나라가 존속하고 망하는 갈림길이 되는 것이니 세심하게 살피지 않으면 안 된다.

일본 에도 시대의 유명한 화가인 마루야마 오쿄는 자연 그대로의 것들을 섬세하게 관찰하여 화폭에 옮긴 사람으로 유명하다.

한번은 어떤 사람에게서 잠자고 있는 산돼지 그림을 그려달라는 부탁을 받게 되었는데 마루야마 오쿄는 한 번도 산돼지의 모습을 본 적이 없었다. 그래서 고민을 하던 어느 날, 집에 어떤 노파가 물

20

건을 팔러 들어왔다. 그래서 그는 노파에게 산돼지가 어떻게 생겼는지 아느냐고 물어보았다. 그랬더니 노파는 의외라는 듯이 되물었다.

"아니, 여태 산돼지가 어떻게 생겼는지도 모른단 말이유?"

"예, 저는 아직⋯⋯."

"우리 집 뒤에 산이 하나 있는데 그 녀석이 가끔 먹을 것이 떨어지면 내려오곤 하니 나중에 우리 집에 한번 와 보시구려."

"예, 고맙습니다. 알려 주시면 바로 달려가겠습니다."

며칠 후 노파가 오쿄의 집으로 황급히 달려왔다.

"빨리 가보시구려. 지금 우리 집 뒤에 산돼지 한 마리가 내려와서 드러누워 있다우."

마루야마 오쿄가 얼른 그림 도구를 챙겨 가지고 노파의 집으로 달려갔더니 정말 노파의 집 뒤에 누런 짐승 한 마리가 눈을 감은 채 드러누워 있는 것이었다. 마루야마 오쿄는 산돼지가 깨어나기 전에 빨리 작업을 끝내려고 종이에 빠르게 스케치 작업을 했다. 그리고 특징적인 부분을 유심히 살펴본 뒤 집으로 돌아왔다. 집에 돌아와서는 며칠간에 걸쳐 그때의 기억을 떠올리며 그림을 완성했다. 그림을 모두 마친 다음 날, 그림을 부탁한 사람이 오쿄의 집으로 찾아왔다.

"산돼지 그림이 완성되었다고 해서 왔습니다. 어디 그림 좀 볼까요?"

마루야마 오쿄는 자랑스럽게 그림을 보여주었다. 그런데 그 사람은 그림을 보더니 대번에 표정이 달라졌다.

"아니, 왜 그런 표정을 지으시죠? 제 그림이 마음에 안 드시나요?"

"아닙니다. 그림은 아주 마음에 드는데 뭔가 잘못된 것 같아서……."

"잘못되다니, 뭐가요?"

"산돼지가 눈을 감고 있는 것으로 보아서는 잠을 자고 있는 것을 그리신 것 같군요."

"예, 잠자고 있는 모습을 그렸습니다."

"그런데 원래 산돼지는 잠을 잘 때도 털이 어느 정도는 곤두서 있거든요. 그런데 이 그림은 털이 온통 착 까부러져 있으니…… 마치 죽어 있는 산돼지 같군요."

"예?"

마루야마 오쿄는 놀라서 당장 노파의 집으로 달려가 자초지종을 설명했더니 과연 그 사람의 말이 옳았다.

"그날 산돼지가 영 돌아가질 않기에 다가가 보았더니 글쎄 싸늘하게 죽어 있지 뭐유."

그날 마루야마 오쿄가 본 것은 이미 죽어 있는 산돼지였던 것이다.

그 일을 겪고 오쿄는 자신의 그림 세계에 대해 크게 깨달은 바가 있었다. 그의 깨달음이란 자기 그림이 생과 사라는 중요한 문제에 당면하여 커다란 구멍이 뚫린 것 같다는 자각이었다.

# 부하의 고름을 입으로 빤 상관

可與之死故可與之生而不畏危也
道者令民與上同意者也

가여지사고가여지생이불외위야
도자영민여상동의자야

지도자의 도는 백성들로 하여금 임금과 뜻을 같이하도록 하는 것이다. 그러므로 지도자가 어떻게 하느냐에 따라 백성들이 그를 위해 죽을 수도 있고 살 수도 있으며 위험을 두려워하지 않을 수도 있는 것이다.

중국의 병법가로서 손자 다음으로 유명한 사람이 오자吳子이다. 본명은 오기吳起이며 전국 시대 위衛나라 사람으로 원래는 부유한 집안에서 태어났다. 젊었을 때 아버지로부터 많은 재산을 물려받았으나 방탕한 생활로 탕진하여 주위 사람들에게 멸시를 당하기에 이르렀다.

23

그러나 오자는 어렸을 때부터 병법兵法을 공부하고 스스로 깨달은 바가 있어 언젠가는 병법으로써 출세하겠다는 당찬 포부를 갖고 있었다. 그리하여 오자는 자기가 탕진한 것을 비웃는 사람들 중에 30여 명을 살해한 뒤 그 길로 위나라를 떠나 노魯나라로 도주했다.

노나라에 간 오자는 공자의 제자인 증자曾子를 찾아가 문하에서 수학하였는데 그러던 중에 어머니가 돌아가셨다는 비보를 접했다. 마음은 당장 고국으로 돌아가고 싶었지만 출세하기 전에는 돌아가지 않겠다고 맹세한 터라 눈물을 머금고 고국행을 포기했다. 하지만 효를 중시하는 증자가 그러한 오자를 그냥 놔둘 리 없었다. 오자는 마침내 증자의 휘하에서 추방당했다. 증자의 문하에서 쫓겨난 오자는 이제 자기가 출세할 수 있는 길은 오로지 병법밖에 없다고 생각하면서 더욱 병법 연구에 몰두하였다.

그러던 중 드디어 오자에게 길이 열렸다. 그의 병법이 출중하다는 소문이 세상에 알려지자 노나라 임금이 그를 등용했던 것이다. 그런데 그때 노나라와 제齊나라 사이에 전쟁이 일어났고 오자는 총지휘관이 되었다. 하지만 한 가지 난점이 있었다. 오자의 아내가 제나라 사람이어서 그의 충성이 의심스럽다는 말이 들렸던 것이다. 그러자 오자는 입술을 깨물며 단칼에 자기 아내를 베어 두 마음이 없음을 증명해 보였다. 결국 그는 전쟁에서 크게 승리해 더욱 높은 벼슬에 올랐다.

그러나 주위 사람들의 모함은 그치지 않았다. 부모에게는 불효한 자식이고 아내에게는 무정한 남편이라는 비난에 견디다 못한 오자는 다시 노나라를 떠나 위魏나라로 들어갔다. 위나라로 간 오자는 출중한 병법으로써 위왕 문후問候의 마음을 사로잡아 태수太守의 벼슬을 얻었다. 임지로 간 오자는 병사들을 훌륭하게 훈련시켜 당시 가장 강국이었던 진秦나라와 싸워 다섯 개의 성을 빼앗는 업적을 세우기도 했다.

오자가 병사를 사랑하는 마음은 그 누구도 따를 자가 없었다. 오자는 병사들과 똑같은 옷을 입고 같은 음식을 먹었으며 함께 자고 함께 걸었다. 그가 이렇게 부하들을 사랑했기 때문에 자연히 그의 부하들은 한결같이 충성을 맹세했다.

어느 날, 오자의 부하 한 명이 등에 종기가 나서 몹시 고생을 하고 있었다. 의사에게 그 병사의 종기를 보였더니 입으로 고름을 빨아주지 않으면 낫지 않는다고 하였다. 이 말을 들은 오자는 곧 병사의 종기에 입을 대고 고름을 빨아내었다. 그랬더니 과연 병사의 상처가 씻은 듯이 나았다.

이 광경을 본 같은 부대의 병사가 휴가를 받아 고향으로 내려갔는데 마침 종기가 났었던 병사의 어머니를 만나게 돼 오자가 치료를 해주었다는 말을 전해주었다. 그러자 그 어머니는 통곡을 하며 말했다.

"이제 어쩌면 좋단 말인가. 등에 종기가 나는 것은 우리 집안의 내력이오. 내 남편도 일찍이 오 장군 밑에서 부하로 있었는데 그때도 남편 등에 종기가 나자 오 장군이 입으로 빨아서 치료를 해주었소. 그러자 남편은 장군의 은덕에 감격하여 목숨을 바쳐 충성을 하겠다고 맹세했는데 정말 전쟁이 일어나자 용감히 싸우다가 전사했다오. 그런데 이번에는 내 아들 역시 오 장군에게 은덕을 입었으니 전쟁터에 나가게 되면 또 죽음을 두려워하지 않고 싸울 게 아니오."

이처럼 부하를 사랑하는 마음이 남달랐던 오자는 죽음까지도 불사하는 병사들 덕분에 연전연승을 거듭했고 문후는 그 업적을 높이 사 더욱 큰 벼슬을 주었다.

문후의 뒤를 이어 임금이 된 무후武候는 천성이 용맹스러워 전쟁을 좋아했다. 그리고 젊은 혈기에다가 고집까지 강해 오자의 간언을 무시하는 경향이 있어 서로 충돌할 때가 많았다. 더구나 새로 재상에 오른 공숙의 모함으로 생명에 위협을 느낀 오자는 다시 초楚나라로 건너갔다.

오자의 명성을 익히 알고 있던 초나라 도왕悼王은 그를 재상으로 임명했다. 초나라 재상이 된 오자는 새로운 법과 제도를 만들어 정착시키는 한편 주변국을 쳐 강대국으로 만들어 놓았다. 하지만 오자의 개혁 정치에 반감을 품고 있던 세력들은 도왕이 죽자 반란을 일으켜 마침내 오자를 살해하였으니 그때가 그의 나이 60세였다.

# 임기응변도 사용할 때가 있는 법

計利以聽 乃爲之勢 以佐其外
계리이청 내위지세 이좌기외

勢者因利而制權也
세자인리이제권야

〔計〕

세운 계책이 유리하고 장수가 이를 잘 따르면 유리한 세력을 만들 수 있게 될 것이며 그 외의 상황도 나아질 것이다. 아군에게 유리한 형세란 이득을 얻기 위해 얼마나 나를 유연하게 통제할 수 있느냐는 것이다.

제齊나라의 유명한 웅변가인 순우곤이 어느 날 맹자에게 찾아와 이야기를 나누던 중 이렇게 물었다.

"남녀 간에 물건을 교환할 때는 손으로써 서로 주고받지 않는 게 예의입니까?"

맹자가 대답하였다.

"그렇소. 그것이 예의지요."

순우곤이 다시 물었다.

"그렇다면 자기 형수가 물에 빠졌을 때도 손을 내밀어 꺼내주지 말아야 한다는 것인가요?"

맹자가 다시 답했다.

"그건 아니오. 형수가 물에 빠졌는데도 꺼내주지 않는다면 그것은 짐승이나 다를 바 없는 것이오. 남녀 간에 물건을 손으로 주고받지 않는 것은 예의지만 형수가 물에 빠졌을 때 손을 잡고 꺼내주는 것은 임기응변 즉, 권도權道인 것이오."

"지금 천하의 모든 사람들은 물에 빠졌다고 할 수 있는데 선생께서 손을 뻗어 건져주지 않으시니 어찌된 일입니까?"

"물에 빠진 천하의 사람들을 건져내는 데는 임기응변이 아닌 정도正道가 필요한 것이고 물에 빠진 형수를 건져내는 데는 손이 필요한 것이오. 그런데 그대는 천하도 손으로 잡아당겨 끌어낼 수 있다고 생각하오?"

맹자의 말에 순우곤은 아무 말도 하지 못했다.

여기서 맹자가 말한 권도란, 그때그때의 상황에 따라 일을 처리하는 임기응변을 말한다. 즉, 권權은 저울을 말하는 것인데, 물건의 무겁고 가벼움에 따라 변하는 것이 저울이라는 물건이므로 변하는 상황에 따라 정의롭게 대응하는 것을 권도라고 이르게 되었던 것이다.

천하를 생각하는 것이 큰 용기

將者　智信仁勇嚴也
지자　지신인용엄야
法者　曲制官道主用也
법자　곡제관도주용야

장군의 능력은 지혜와 신용, 인간애와 용기 그리고 엄격함에 있다. 법이란 군대의 편제와 군의 직제와 군비 보급을 말한다.

전국 시대 제나라 임금인 선왕이 맹자에게 물었다.

"이웃 나라와 사귀는 데 좋은 방법이 있으면 알려 주십시오."

그러자 맹자가 대답했다.

"그렇게 하지요. 오직 어진 군주라야 큰 나라이면서도 작은 나라를 얕보지 않고 예의를 갖춰 외교를 할 수가 있는 것입니다. 그렇기 때문에 은殷나라 탕湯 임금은 갈葛나라와 외교를 하였고, 주나라 문왕文王은 서쪽 변경의 오랑캐 민족인 곤이昆夷와 외교를 했던 것입니다. 그리고 오직 지혜 있는 군주라야 작은 나라이면서도 큰 나라에 예의를 갖추고 외교를 할 수가 있습니다. 그렇기 때문에 주나라 태왕太王은 북쪽 변경의 민족인 훈육과 외교하고 구천이 오吳나라를 섬길 수 있었던 것입니다. 큰 나라이면서 작은 나라와 외교를 하는 것은 만물의 하찮은 것까지 포용하는 하늘의 도리를 즐기는 것이며 작은 나라이면서 큰 나라와 외교를 하는 것은 천리天理의 공정함을 알고 있으면서 하늘의 도리를 두려워하여 무모한 짓을 하지 않는 행동입니다. 하늘의 도리를 즐기는 자는 천하를 보전할 수 있으며 하늘의 도리를 두려워하는 자는 자신의 나라를 보전할 수가 있습니다. 《시경詩經》에는 '하늘의 위엄을 두려워하고 그럼으로써 나라를 보전할 수 있었노라'는 구절도 있습니다."

선왕이 응답한 뒤 다시 물었다.

"정말 좋은 말씀이십니다. 그러나 내게는 결점이 한 가지 있는데 그것은 용맹스러운 행동을 너무 좋아하는 버릇이 있다는 것입니다."

맹자가 다시 대답했다.

"그렇다면 부디 임금께서는 하찮고 작은 용기를 즐겨 과시하는 일은 없도록 하십시오. 걸핏하면 칼을 거머쥔 채 눈을 부릅뜨고 노려보면서 '네가 감히 나한테 대드느냐? 어림없는 소리 말아라' 하고 말하는 것은 그저 필부의 용맹일 뿐이며, 겨우 한 사람 정도를 대적할 따름입니다. 임금께서는 부디 큰 용기를 지니시길 바랍니다.《시경》에 이르기를, '주나라 문왕은 한 번 크게 성을 내고는 군대를 정비하여 거莒나라를 치려는 밀密나라를 제압하였네. 이리하여 주나라의 복지를 두텁게 하고 천하의 기대에 답하였네'라고 하였으니 이것이 바로 문왕의 용기입니다. 문왕은 한 번 성을 내면 천하의 백성들을 편안하게 만들었습니다.《서경書經》에 '하늘이 이 세상에 백성을 내시고 그들의 임금과 스승을 냈다. 그리고 이르시기를 임금과 스승은 상제上帝인 나를 도와서 천하의 백성들을 사랑하고 편안하게 하라고 하셨다. 죄가 있는 자를 벌하고 죄가 없는 자를 편안케 하는 것은 오직 상제인 나의 소관이며 이 세상에서 누가 감히 하늘의 뜻을 거역하는 짓을 할 수 있겠는가'라고 하였습니다. 주왕紂王 한 사람이 천하에 횡포한 짓을 행하는 것을 본 무왕武王은 부끄럽게 여겼습니다. 그리하여 무왕은 한 번 크게 성을 내어 주왕을 제거하였고 그럼으로써 천하의 백성들을 편안하게 만들었습니다. 이것은 무왕의 진정한 용기라 할 수 있습니다. 이제 임금께서도 문왕과 무왕처럼 딱 한 번 성을 내시어 천하의 백성을 편안하게 하실 수 있다면 백성들은 매우 기뻐할 것입니다. 그렇게 되면 백성들은 임금께서 그러한 용맹스러움을 즐기시지 않을까 봐 오히려 두려워할 것입니다."

作戰 작전

전쟁은 최대한 빨리 끝내라

# 전쟁과 병은 초기에 잡아라

其用戰也貴勝 久則鈍兵挫銳
기용전야귀승 구즉둔병좌예

攻城則力屈 久暴師則國用不足
공성즉력굴 구폭사즉국용부족

군대를 이용하여 전쟁을 할 때는 빠른 승리처럼 귀중한 것이 없다. 전쟁이 오래 지속되면 병사가 둔해지고 예기가 꺾이고 성을 공격하면 아군의 힘이 소진된다. 오랫동안 군사를 바깥으로 노출시키면 국가의 재정이 부족해진다.

중국 고대의 전설적인 명의名醫인 편작이 채蔡나라의 환공桓公을 진찰하고 나서 이렇게 말했다.

"폐하께서는 병이 살갗에 들어 있습니다. 지금 고치지 않으면 장차 병이 깊어질까 두렵습니다."

그러나 환공은 대수롭지 않게 여겼다.

"내게는 병이 없소."

편작이 나가자 환공이 중얼거렸다.

"의사랍시고 병도 아닌 것을 가지고 중병이라고 하여 공을 세우려 하는군."

그로부터 열흘이 지난 후 편작이 다시 환공을 진찰한 뒤 말했다.

"폐하의 병은 이제 살 속과 피부에 와 있습니다. 만일 지금 고치지 않으면 장차 병이 더 깊어질 것입니다."

그러나 환공은 대꾸도 하지 않았다. 다시 열흘이 지나 진료를 하고 나서 편작이 말했다.

"폐하, 이제 병이 위와 장에 와 있습니다. 만일 지금 고치지 않으면 병이 더욱더 깊어질 것입니다."

그러나 환공은 여전히 편작의 충고를 무시했다.

다시 열흘이 지났다. 환공의 진료를 마치고 나온 편작은 이번엔 아무 말도 하지 않고 서둘러 궁궐을 빠져나왔다. 이상하게 여긴 환공이 사람을 시켜 이유를 알아 오라고 하자 편작이 이렇게 말했다고 한다.

"병이 살갗에 있을 때는 더운물 찜질로 고칠 수 있었고, 병이 살 속과 피부에 있을 때는 침으로 고칠 수 있었다. 그리고 병이 위장에 있을 때는 약을 달여 먹으면 고칠 수 있었다. 하지만 병이 골수骨髓에 있게 되면 운명을 맡아보는 신神의 소관이어서 사람으로서는 어찌할 수 없게 된다. 그런데 지금 전하의 병은 골수에 있으므로 나는 갈 수가 없다."

35

과연 며칠 후에 환공의 병이 악화돼 편작을 찾았으나 그는 이미 멀리 도망간 후였다고 한다. 어차피 자기 힘으로는 고치지 못할 병이므로 공연히 치료를 한답시고 나섰다가 환공의 노여움을 사게 되면 자기 목숨마저 위태로워질 거라고 생각했기 때문이었다. 이처럼 병도 초기에 잡아야 하듯 전쟁도 초기에 속전속결로 끝내야 인적, 물적 부담을 덜 수 있다.

대들보만 빼내면 무너진다

전쟁을 할 때 최상의 전술은 아군을 이동시키는 것처럼 하여 적이 그들의 주요 부대를 자주 재배치하도록 유도하되 적의 움직임을 면밀히 파악하여 약한 곳에 위치했을 때를 놓치지 말고 공격하는 것이다. 이 전술은 마치 마차를 멈추기 위해 마차의 바퀴를 못 움직이게 하는 것과 같은 이치이다.

전국 시대 초 진나라에는 지智씨, 조趙씨, 위魏씨, 한韓씨 성을 가진 네 명의 제후가 서로 세력을 다투고 있었다. 그중에서 지씨가 가장 세력이 막강했는데 그런 까닭에 나머지 세 제후는 지씨에게 다

달이 곡식을 헌납하고 있었다. 그런데 오래전부터 지 씨에게 불만을 품고 있었던 조 씨가 몇 달째 곡물을 바치지 않자 꾹 참고 있던 지 씨가 드디어 화를 터뜨렸다.

"저번에도 곡식을 바치지 않아 내가 분명히 경고를 했는데 이번에 또 내 명령을 거절했단 말인가? 당장 위 씨와 한 씨를 불러들여라."

지 씨는 한달음에 달려온 위 씨와 한 씨에게 화풀이를 했다.

"조 씨에게 본때를 한번 보여줘야겠소. 내일 당장 군사를 풀어 조 씨의 성을 공격할 테니 당신들도 이번 싸움에 참전하시오."

위 씨와 한 씨는 속으로는 싫었지만 지 씨의 서슬에 주눅이 들어 그렇게 하겠다고 약속했다.

다음 날, 지 씨의 주력군과 위 씨, 한 씨의 지원군이 조 씨가 제후로 있는 진양성晉陽城 앞에 집결했다. 지 씨가 선봉에 나서서 조 씨에게 굴복할 것을 종용했으나 조 씨는 얼굴도 내밀지 않았다. 그러자 지 씨는 분을 참지 못해 진양성에 수많은 화살을 퍼부었다. 그래도 조 씨는 꿈쩍하지 않았다. 지 씨는 안 되겠다 싶어 공격을 멈추고 위 씨와 한 씨에게 말했다.

"조 씨가 영 반응이 없으니 다른 방법으로 공격을 해야겠소. 진양성은 지대가 낮으니 당신들 땅에 있는 강둑을 터서 성을 물속에 처넣어야겠소. 내일 아침까지 물길을 진양성 쪽으로 향하도록 작업을 하시오."

한편 이 같은 정보를 입수한 조 씨는 발을 동동 구르며 초조해했다. 그러자 조 씨의 모사謀士인 장맹담張孟談이 꾀를 내었다.

"지금 위 씨와 한 씨는 조 씨가 싫은데 억지로 군대에 합류하고 있습니다. 두 사람을 우리 편으로 끌어들이면 지 씨는 저절로 망할 것입니다."

그날 밤 장맹담은 야음을 틈타 몰래 위 씨와 한 씨의 진영에 잠입했다. 그리고 두 사람을 간곡하게 설득했다.

"우리 성을 정복하면 다음엔 반드시 두 분의 성도 빼앗을 것입니다. 그러니 이 기회에 저희 제후님과 힘을 합쳐 지 씨를 물리치시지요."

마침내 위 씨와 한 씨는 죽을 각오를 하고 지 씨를 공격하기로 했다.

다음 날 아침, 밤새 물길을 돌리는 작업을 한 후 제방을 터뜨리자 물길은 조 씨의 성으로 향하는 게 아니라 지 씨 쪽으로 흘러들었다. 지 씨의 성은 삽시간에 물바다가 되었다. 이를 보고 세 제후가 말했다.

"아무리 화려해도 대들보만 빼내면 집이 통째로 무너진다는 사실이 무얼 말하는지 이제 알겠느냐 어리석은 지 씨야. 하하하……."

而更其旌旗 <sup>이</sup><sup>갱</sup><sup>기</sup><sup>정</sup><sup>기</sup> <sup>거</sup><sup>잡</sup><sup>이</sup><sup>승</sup><sup>지</sup>

車雜而乘之 <sup>졸</sup><sup>선</sup><sup>이</sup><sup>양</sup><sup>지</sup> <sup>시</sup><sup>위</sup><sup>승</sup><sup>적</sup><sup>이</sup><sup>익</sup><sup>강</sup>

卒善而養之 是謂勝敵而益強

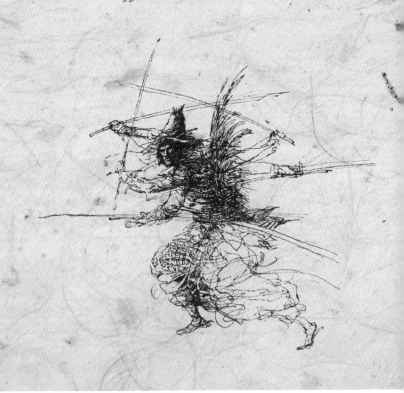

而更其旌旗 車雜而乘之

卒善而養之 是謂勝敵而益強

이갱기정기 거잡이승지

졸선이양지 시위승적이익강

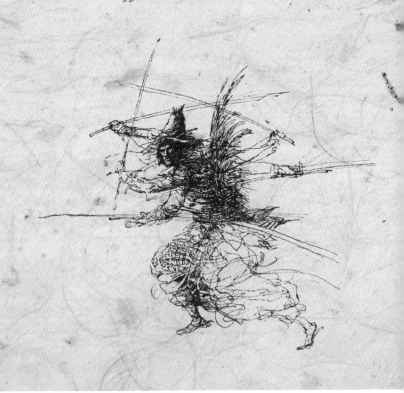

빼앗은 적의 깃발은 아군의 깃발로 바꾸고 빼앗은 전차는
아군의 군대에 혼합 편성하여 아군이 이용하며 붙잡힌 적의 사병들은 잘 대해준다.
이것이 바로 적에게 승리를 거둔 뒤 나를 강하게 하는 방법이다.

# 속전속결하려면 왕을 잡아라

夫鈍兵挫銳屈力殫貨則諸侯乘其弊而起 부둔병좌예굴력탄화즉제후승기폐이기

雖有智者不能善其後矣 수유지자불능선기후의

故兵聞拙速未睹巧之久也 고병문졸속미도교지구야

군대가 둔해지고 사기가 꺾여서 전투력이 소진되고 재화가 파탄 지경에 이르면 다른 제후들이 그 폐단에 편승하여 공격하게 되므로 비록 지혜로운 사람이 있더라도 그 뒤처리를 하기에는 불가능하다. 고로 군대를 운용하는 일은 졸속으로 빨리 끝내야 한다는 말은 들어 보았지만 기교를 부리며 오래 끌어야 좋다는 말은 들어 본 적이 없다.

일을 시작하려면 반드시 그 요점을 파악해야 하고 악을 없애려고 할 때에는 그 뿌리부터 잘라 없애야 한다. 이처럼 전쟁에서 이기려면 적장을 사로잡거나 죽임으로써 적의 전체 역량을 와해시켜서 전쟁을 빨리 끝낼 수 있다.

42

당나라에서 안록산安祿山의 난이 일어났던 해의 일이다. 하남河南 수양성 밖에 함성이 하늘을 진동하고 깃발이 하늘을 가렸다. 반란 군 총수 안록산이 윤자기尹子琦에게 13만 대군을 주어 당나라의 수 양성을 공격하도록 했던 것이다. 그러자 수양성을 지키던 장순張巡 은 고민에 빠졌다. 현재 성안에는 7천여의 병사밖에 없었기 때문이 었다. 장순은 성문을 군게 걸어 잠그고 매일 등불을 밝힌 채 책을 읽고 병서를 깊이 연구하며 반란군을 물리칠 묘안을 생각했다. 그 러나 묘안이 쉽게 떠오르지 않았을뿐더러 적이 공격해 올 때마다 장순의 병력은 점점 줄어들고 식량도 거의 바닥이 날 지경에 이르 렀다. 뭔가 결단을 내려야 할 때였다. 그때 장순의 머릿속에 병서의 한 구절이 떠올랐다.

'사람을 쏘려면 먼저 말을 쏘고 적을 잡으려거든 먼저 왕을 잡아라.'

장순은 즉시 장군들을 불러들여 회의를 열었다.

"적은 지금 숫자가 많아 우리가 대항하기에는 너무 벅차오. 그러 니 적장 윤자기를 제거하면 금방 전력이 약해질 것이오."

그러자 장군 하나가 말했다.

"하지만 적의 숫자가 너무 많다 보니 윤자기가 어디에 있는지 찾 기가 쉽지 않습니다."

"내게 묘책이 있소. 우선 병사들에게 건초로 화살을 만들게 하고 활을 잘 쏘는 명궁을 뽑아 대기시키도록 하시오."

이튿날 반란군이 또 대대적인 공격을 감행해 오자 장순은 병사들 에게 건초 화살을 쏘라고 명령한 후 성 위에서 반란군 병사들의 동

태를 유심히 살피고 있었다. 잠시 후 화살을 맞은 반란군 병사들이
코웃음을 치며 저희들끼리 수군거리더니 건초 화살을 집어 들고
누군가에게 가 무릎을 꿇고 바치는 모습을 발견했다. 그러자 장순
이 다급하게 소리쳤다.

"명궁은 대기하라. 활시위를 걸고 내 명령을 기다려라."

그리고 잠시 후 장순이 다시 큰 소리로 명령했다.

"저기 덩치 큰 자가 윤자기임에 틀림없다. 어서 활을 쏘아라."

명궁이 쏜 화살은 눈 깜짝할 사이에 윤자기의 왼쪽 눈에 꽂혔고
순식간에 피가 사방으로 튀면서 윤자기는 소리를 지르며 고꾸라졌
다. 자신들의 대장이 쓰러지자 수많은 반란군은 순식간에 사분오

열하기 시작했다. 이렇게 적들이 동요하자 장순은 곧바로 병사를 이끌고 성 밖으로 나와 반란군 5천여 명을 사살했다. 지도자를 잃은 적들은 오합지졸이나 마찬가지였다.

　결국 윤자기는 가까스로 죽음을 면하고 도망갔을 뿐 아니라 반란군은 수십 리 밖으로 후퇴함으로써 수양성은 포위망에서 완전히 벗어나게 되었다.

# 융통성 없는 장군의 참패

故知兵之將民之司命<sub>고지병지장 민지사명</sub>
國家安危之主也<sub>국가안위지주야</sub> 孫戰

군대를 잘 운용하는 장군은 백성들의 생명을 책임지고 국가의 안위를 주관하는 사람이 된다.

 

조나라에 조사(趙奢)라는 명장군이 있었다. 그에게는 괄(括)이라는 아들이 있었는데 매우 영리해서 병서를 많이 읽고 연구하여 병법에 매우 통달했다. 그러나 조사는 아들에게 이렇게 말했다.

"전쟁이란 생사가 달린 결전이므로 이론만으로 승패가 결정되는 게 아니다. 병법을 이론적으로만 논하는 것은 장군이 취할 태도가 아니다. 앞으로 네가 장군이 된다면 조나라가 큰 변을 당할 위험이 있다."

그러면서 부인에게 나라에서 조괄을 대장으로 삼지 않도록 말려 달라는 유언까지 했다. 뒷날 진나라가 조나라를 침략하면서 첩자를 보내 유언비어를 퍼뜨렸다.

"조나라 염파 장군은 늙어서 싸움하기를 두려워하기 때문에 두려울 것이 없다. 하지만 진나라는 조괄이 대장이 될 것을 두려워하고 있다."

이 유언비어에 속은 조나라 왕은 염파 대신 조괄을 대장으로 임명하려고 했다. 그때 충신 인상여藺相如가 적극 반대하고 나섰다.

"임금께서 조괄의 명성만 믿고 대장으로 임명하시려는 것은 마치 기둥을 아교로 붙여두고 거문고를 타는 것과 같습니다. 괄은 한낱 그의 아버지가 준 병서만 읽었을 뿐 시기와 상황에 따라 융통성 있는 판단을 내릴 줄을 모릅니다."

그러나 임금은 그토록 신임하던 인상여의 말도 듣지 않고 조괄을 대장에 임명했다. 조괄은 대장이 되는 그날로 병서에 적혀 있는 것을 그대로 적용시켜 전부터 내려오는 군영들을 뜯어고치고 참모들의 의견을 듣지도 않은 채 자기주장대로만 작전을 전개했다. 실전 경험이 전혀 없는 조괄은 이론만으로 작전을 감행한 끝에 40만 대군을 몰살시키는 중국 역사상 최대 최악의 참패를 가져왔다.

거문고의 기둥을 풀로 붙여 고정해두고 거문고를 타니 조율을 할 수 없게 되어 제대로 된 소리가 날 리가 없었던 것이다.

謀攻 모공

싸우지 않고 이기는 것이 최선이다

피 한 방울 흘리지 않고 얻은 승리

故善用兵者 屈人之兵而非戰也
고선용병자 굴인지병이비전야

拔人之城而非攻也
발인지성이비공야

그러므로 용병을 잘하는 사람은 적군과 맞붙어 싸우지 않고 적을 굴복시키되 적의 성을 공격하지 않고도 빼앗는다.

적은 분명히 정해져 있으나 동맹국이 아직 정해지지 않았을 때 어떻게 처신해야 하는가? 그럴 때는 한마디로 군사력을 보존하기 위해서 동맹국이 적국을 공격하도록 모든 수단과 방법을 이용해야 한다. 즉, 나는 가만히 있되 남의 칼을 빌려 적군을 치는 것이다. 비록 동맹국이 손실을 입었다 할지라도 그 손실은 아군의 이익으로

50

바뀔 수 있는 것이다.

동한東漢 말기 때의 일이다. 조조의 위魏나라 손권의 오吳나라 그리고 유비의 촉蜀나라 등 3국이 첨예하게 대립하고 있었다.

유비는 조조와 손권에 비해 세력이 미약했기 때문에 제갈량의 제의를 받아들여 손권과 연합해서 조조에게 대항했다. 그 결과 연합군은 연전연승을 거둬 유비의 세력이 급속하게 강해졌다. 그러자 손권은 유비의 세력이 커지는 것을 두려워하기 시작했다.

명장 관우關羽가 죽음을 맞이하게 된 것도 바로 이때였다. 이 무렵 유비는 형주를 지키던 관우를 선봉장으로 삼아 조조를 공격하게 했다. 이때 조조는 한쪽으로는 손권의 공격을 받고 있었는데 관우가 이 기회를 놓치지 않고 조조군의 전략 요충지 번성과 양양을 포위하고 거침없이 쳐들어갔던 것이다. 조조는 전전긍긍하지 않을 수 없었다. 이를 보고 조조의 전술가인 사마의가 말했다.

"유비와 손권은 사이가 좋은 것처럼 보이지만 속으로는 두 사람이 모두 다른 생각을 품고 있습니다. 만약 관우가 승리한다면 손권은 꼭 기뻐하지만은 않을 것입니다. 그래서 우리는 이렇게 해야 합니다."

사마의는 조조의 귀에 대고 한 가지 계책을 제시했다. 조조는 사마의의 계략을 흔쾌히 받아들였고 서황 장군에게 그의 군사를 이끌고 가서 번성을 지키라고 명령했다. 동시에 그는 손권에게 전령을 보내 자신의 친서를 전달하도록 했다. 조조의 친서는 손권을 흥분시키기에 충분한 것이었는데 그 대강의 내용은 이런 것이었다.

"형주는 원래 손권 당신의 땅이 아니오. 그런데 지금은 유비가 그 땅을 차지하고 있으니 어찌 된 일이오. 지금 그 땅을 찾지 않으면 뒷날을 기약할 수가 없을 것이오. 형주를 찾으려면 우선 관우를 처치해야 하오. 만약 관우를 처치하면 양자강 남부도 넘겨주겠소."

기꺼이 조조의 제안에 동의한 손권은 우선 여몽으로 하여금 수로를 통해 현재 유비의 통치 아래에 있는 공안과 강릉 두 성을 공격하라고 명령했다. 그런 후 그는 육손에게 이릉과 자귀를 공격하여 장악함으로써 관우의 퇴로를 차단하라고 명령했다.

한편 번성을 공격하던 관우는 갑자기 조조군의 사기가 높아지자 성을 차지하지 못하고 남쪽으로 퇴각할 수밖에 없는 처지에 놓이게 되었다. 그때 조조는 군대를 풀어 관우를 계속 쫓아가서 공격하려고 마음먹었는데 조조의 전술가 조엄이 다음과 같이 조조를 설득하여 쫓지 못하게 했다.

"더 이상 우리 군대의 힘을 쓸 필요가 없습니다. 이제부터 우리는 손권과 유비의 싸움을 조용히 구경만 하면 됩니다."

그 무렵 손권은 관우를 공격할 군진을 강화하기 위해 친히 강릉의 최전선으로 가는 한편 촉나라 유비와 군사들을 안심시키기 위해 곡식과 옷, 약품 등을 전해주었다. 이를 본 촉나라 군사들은 손권을 더 이상 의심하지 않았다.

유비를 안심시키는 데 성공한 손권은 기회를 놓치지 않고 관우를 공격했고 쫓겨 다니는 신세가 된 관우는 맥없이 무너지고 말았다. 그때 손권은 관우에게 항복을 권유하기 위해 사절단을 보냈다. 관우는 분노하여 치를 떨었지만 그 상황에서 뾰족한 방법을 찾을 수가 없었기에 고심 끝에 거짓 항복을 하고 기회를 보아 도주할 생각을 했다. 관우는 손권에게 항복한 후 일단의 기병을 데리고 북쪽으로 도망하려 했으나 뜻밖에 도주하는 도중 그의 부하들이 뿔뿔이 흩어지고 말았다. 관우는 끝까지 손권의 포위망을 뚫으려 했으나 그의 퇴로는 이미 육손에 의해 차단되어 있었다. 결국 관우와 그의 아들 관평 그리고 부장 조루 등이 모두 사로잡혔고 이내 처형되었다. 이로써 한 시대의 명장 관우는 손권의 칼에 의해 이 세상을 마감했다.

비록 손권이 관우를 물리치기는 했으나 그는 동맹국을 잃었고 그로 인해 그의 군사력과 영향력은 급속하게 약해졌다. 하지만 조조는 손권의 칼을 빌려 관우를 죽임으로써 손권과 유비 사이의 싸움을 적절하게 이용했다. 그 후 계속된 전쟁을 통해 조조는 점차 강대해졌고 결국에는 천하를 통일하게 되었다.

# 불리하면 도망가는 게 상책

敵則能戰之 少則能逃之 不若則能避之
적즉능전지 소즉능도지 불약즉능피지

故小敵之堅 大敵之擒也
고소적지견 대적지금야

적보다 아군의 능력이 우세하면 전쟁을 벌여도 되지만 적보다 능력이 모자란다면 도망하여 피해야 한다. 그러므로 약한 군대가 적을 맞아 견고하게 수비를 한다면 강한 적에게 포로가 되고 만다.

서기 876년의 일이다. 당唐나라 왕실에서는 황소黃巢, 왕선지王仙芝 등이 이끄는 농민군을 진압하기 위해 송위宋威 장군을 출정시켰다. 그리하여 농민군은 기주沂州에서 포위되고 말았다. 두 군대는 승부를 가늠하기가 어려워 한 달간 서로 대치 상태에 있었다.

당시는 7월 중순이라 태양이 작열하고 있었다. 기주성 안에 있던 많은 농민군들은 물과 양식이 떨어지자 목마름과 배고픔에 지쳐가고 있었다. 그런 데다가 멀리 성 밖에서는 당나라 군사들이 여전히 버티고 있는 상황이었다.

이때 당나라 송위 장군이 항복 권고문을 보내왔다. 왕선지는 이를 보고 난 후 이렇게 말했다.

"우리에겐 투항을 하든가 결전을 하든가 후퇴하는 세 가지 길이 있다. 투항하는 것은 장수로서 작전에 실패하는 것이고 일대 결전을 불사하면 전 군대가 몰살될 수 있다. 그러니 줄행랑이 최선책이다."

그러자 황소가 머리를 끄덕이며 동감했다.

그날 밤 폭우가 쏟아지는 가운데 농민군은 칠흑 같은 어둠을 틈타 성을 빠져나가고 있었다. 군사들은 모두 볏짚으로 만든 우의 안에 칼을 감추고 말들도 소리를 내지 않기 위해 재갈을 채웠다. 끝없이 쏟아지는 밤의 폭우 속으로 농민군들은 점점 사라져 갔다.

이튿날 날씨가 개어 송위가 막사에서 잠이 깨었을 때 병사 하나가 급히 달려와 보고했다.

"큰일 났습니다. 성안의 농민군이 모두 도망갔습니다."

송위가 황급히 말을 타고 성으로 가서 보니 과연 성문은 열려 있었고 성안에는 개미 한 마리 없었다. 송위는 허무한 웃음을 지었다.

며칠 후 남방의 각 주(州)에서 조정으로 다급하게 군사를 요청해 왔다. 농민군들이 기주성을 탈출해 나와 남방 지역에서 세를 모으고 있다는 것이었다. 송위는 다시 조정의 명을 받고 남방으로 내려갔다.

송위의 대군은 수적인 우세를 앞세워 농민군을 포위했다. 그러자 황소가 근심스러운 표정을 지으며 중얼거렸다.

"아직도 우리가 송위의 군대와 대적하기는 힘든 상황인데……."

그때 왕선지가 주저 없이 나서며 말했다.

"이번에도 도망가는 전법을 쓸 수밖에 없을 것 같소. 황 장군은 군대의 반을 이끌고 북쪽으로 가시오. 나는 나머지 병사를 이끌고 남쪽으로 가겠소."

왕선지와 황소는 다시 야음을 틈타 송위군의 포위망을 뚫고 도망갔다. 그 이후로도 농민군의 왕선지와 황소는 전세가 불리할 때마다 줄행랑을 칠 계략을 세우곤 했다. 그들의 이 전술은 큰 효과를 거두었으며 그 이듬해 중국 영토의 반이 농민군의 불길로 활활 타올랐다.

# 갓끈을 모두 끊어라

어느 날 초나라 장왕莊王이 자신에게 충성을 다하고 있는 신하를 모두 불러 연회를 베풀었다. 시간이 지남에 따라 연회의 분위기가 고조되고 모두들 술이 얼근해질 무렵 어디선가 갑자기 세찬 바람이 불어왔다. 그 바람에 등불이 모두 꺼져 주변은 순식간에 암흑으로 변하고 연회장에 모인 사람들은 웅성거리기 시작했다.

그때 어디선가 한 여인의 날카로운 비명이 들렸다.

"아악."

한 궁녀가 자지러지듯 소리를 질렀다. 그 사정을 알고 보니 취기가 오른 장왕의 신하 중 한 사람이 연회에 배석한 여인의 가슴을 더듬었던 것이다. 그런데 그 여인은 그 경황 중에도 재빨리 남자가 쓰고 있던 갓끈을 잡아챘다. 그리고 얼른 장왕 앞으로 나아가서 이렇게 말했다.

"폐하, 어둠을 틈타 저한테 못된 짓을 한 사내가 있습니다. 제가 그자의 갓끈을 끊어내어 손에 쥐고 있으니 어서 불을 밝혀 범인을 벌하여 주소서."

그녀는 콧소리를 섞어가며 장왕에게 아양을 떨었다. 연회에 배석해 있던 여인들은 모두가 장왕의 후궁이나 다름없는 신분이었으므로 범인이 발각되면 임금의 첩을 건드린 상황이 되므로 중형에 처해질 입장이었다. 여인으로 인해 연회는 삽시간에 찬물을 끼얹은 듯 냉기가 돌았다. 장왕은 모처럼 한껏 고조되던 분위기가 가라앉자 못마땅한 표정을 지었다. 그러나 장왕은 여인의 호소에는 아랑곳하지 않고 좌중을 향해 이렇게 말했다.

"모처럼 가까운 신하들과 술 한잔하고 싶어 오늘 이 자리를 마련한 것인데 갑자기 뜻하지 않은 일이 생기는 바람에 분위기가 가라앉았구려. 내가 마련한 자리에서 일어난 일이니 이것은 모두 내 잘못이오."

그리고 나서 자리에서 일어나더니 큰 소리로 말했다.

"나는 이 연회 자리가 계속 흥겹게 이어지길 바라오. 그러니 경들은 모두 갓끈을 떼어 버리도록 하시오. 만약 갓끈을 끊지 않은 자가 있으면 내가 그자를 벌할 것이오."

58

그러자 수십 명의 신하들은 잠시 경탄의 소리를 내더니 일제히 갓끈을 끊어냈다. 그런 다음 연회장에 불을 밝히니 모두 갓끈을 끊어낸 터라 범인을 잡을 길이 없었다. 이 일이 있은 뒤부터 신하들은 감격하여 장왕에게 더욱 충성할 것을 다짐했다.

몇 달이 지나 진나라와의 싸움이 시작되었다. 치열한 공방을 벌인 끝에 결국 초나라의 승리로 끝났다. 그런데 이 싸움에서 가장 큰 공을 세운 장수가 있었다. 장왕은 그 장수를 불러 치하하고 큰 상을 내리려 했다. 그러나 그 장수는 끝까지 그 상을 사양했다.

"폐하, 저는 이미 죽은 목숨이나 다름없습니다. 요행히 폐하의 은혜를 입어 지금은 덤으로 살고 있는 것이나 마찬가지인데 이렇게 상까지 내리시다니 당치 않은 일입니다."

알고 보니 그 장수는 그날 연회에서 여인의 가슴을 더듬은 사내였다.

夫將者 國之輔也
부장자 국지보야

輔周則國必強 輔陳則國必弱
보주즉국필강 보극즉국필약

무릇 장군은 나라를 보호하는 사람이니
나라를 보호하여 군주와 친밀하다면 국가는 분명히 강해진다.
그러나 군주와 틈이 생긴다면 그 나라는 반드시 약해진다.

적을 알고 나를 알면 이긴다

知彼知己 百戰不殆
지피지기 백전불태

知彼而知己 一勝一負
지피이지기 일승일부

不知彼不知己 每戰必殆
부지피부지기 매전필태

적을 알고 나를 알면 백 번 싸워도 위태롭지 않으며 적의 상황을 모르고 나의 상황만 알고
있다면 한 번은 승리하고 한 번은 패배한다. 반면 적의 상황도 모르고 나의 상황도 모르면
매번 전쟁을 할 때마다 반드시 위태로워진다.

손자의 병법을 논할 때 가장 많이 인용되고 사람들이 가장 많이
알고 있는 구절이 바로 '지피지기 백전불태-적을 알고 나를 알면
백 번 싸워도 위태롭지 않다'는 대목이다. 이와 관련하여 손자와 쌍
벽을 이루는 병법가인 오자吳子는 다음과 같이 말하고 있다.

전쟁에서 긴요한 것은 우선 적군의 지휘자가 어떤 능력을 가진

자인지 알아보고 적의 동향을 세심히 살펴 그에 따른 대책을 세워야 아군이 힘들이지 않고 공격을 할 수 있게 된다. 그리하여 적의 지휘자가 어떤 인물인가에 따라 다음과 같이 아군의 대응책이 달라지게 된다.

적장敵將이 우매하고 남의 말을 잘 믿는 자라면 속여서 유인해낼 계책을 세우며 적장이 탐욕스러워 명예를 돌보지 않고 자기 이익만을 꾀하는 자라면 재화를 주어 매수할 계책을 세운다. 적장이 고지식하여 용병用兵의 변화무쌍함을 경시하고 임기응변의 전략에 부족한 자라면 지치도록 만들어 곤경에 빠뜨릴 계책을 세운다. 또 적장은 부유하고 교만하지만 부하들은 가난하고 불만을 품고 있다면 그들의 사이를 이간질할 계책을 세운다.

적장이 우유부단하고 진퇴에 대한 결단력이 부족하며 부하들이 의지할 곳을 잃고 있다면 놀라 도망치게 만들 계책을 세운다. 부하들이 적장을 무시하여 과감히 싸우려 들지 않고 집으로 돌아갈 생각에만 젖어 있다면 적을 포위하여 도망가게 만들 계책을 세운다. 이때 도망가기 좋은 평지는 철저히 봉쇄하고 험한 지형으로 유도하여 섬멸한다. 또한 적이 처한 상황에 따라 아군의 대응책이 달라지게 된다. 적의 진로는 평탄하지만 퇴로가 험할 경우에는 되도록 깊숙이 전진을 하도록 만들었다가 공격한다. 반대로 적의 진로는 험악하지만 퇴로가 평탄하다면 즉시 공격을 가해야 한다.

적이 습한 장소에 진을 치고 있고 물이 잘 빠지지 않는 지형이며 오랫동안 비가 내리고 있다면 홍수 전략을 세워 섬멸한다. 적이 황야에 진을 치고 있고 나무와 잡초가 무성하며 바람이 세차게 불고 있다면 불을 놓아 섬멸한다. 적이 한군데에서 오래 주둔하여 이동하지 않고 있으며 병사들이 피로하여 경계를 게을리하고 있다면 불의의 습격을 가해 섬멸한다.

## 강철왕 카네기의 상술

凡用兵之法全國爲上破軍次之
破國次之全軍爲上

범용병지법전국위상파군차지
파국차지전군위상

무릇 모든 전쟁의 방법은 적국을 온전하게 놓아둔 채 이기는 것이 최상이고 모조리 파괴
하여 이기는 것은 차선이다. 마찬가지로 적의 군사들을 온전하게 놓아둔 채로 이기는 것이
가장 좋은 방법이고 적군을 격파하여 이기는 것은 차선책이다.

미국의 실업가 '강철왕' 카네기가 어린 시절에 겪었던 이야기이다.
하루는 우연히 새끼를 밴 토끼 한 마리를 잡았는데 며칠 후 어미
가 새끼를 낳았다. 그런데 새끼들에게 줄 먹이가 부족했다. 카네기
는 궁리 끝에 묘안을 떠올리고 친구들을 불러 모았다.
"얘들아, 이 토끼들한테 너희들 이름을 붙이고 싶지 않니? 토끼풀

을 뜯어주는 사람한테 이름을 붙여줄게."

그러자 친구들은 금방 토끼풀을 한 아름씩 뜯어 와 자기 이름이 붙은 토끼에게 정성껏 풀을 먹였다.

카네기는 훗날 기업가가 되어서도 사람들의 이 같은 심리를 이용해 크게 덕을 보았다. 카네기가 강철 레일을 팔려고 하는데 살 사람이 선뜻 나서지 않았다. 그때 카네기는 어린 시절에 겪었던 '토끼풀 사건'을 떠올렸고 당시 레일을 살까 말까 망설이는 J. 에드거 톰슨 사장의 이름을 피츠버그에 세우게 될 큰 제강소에 붙이기로 했다. 그러자 에드거 톰슨은 크게 기뻐하면서 자신의 이름이 붙은 '에드거 톰슨 제강소'에서 생산하는 강철 레일을 사들이는 계약을 흔쾌히 받아들였다고 한다.

이후에도 카네기는 제철소를 짓기 위해 여러 차례 장애물에 부딪혔지만 금융공황과 경기 부진이라는 악조건을 오히려 호기로 생각하여 더욱 사업을 확장하고 현금을 비축하는 카네기식 전략을 사용하여 세계 최고의 기업이 되었다.

軍形 군형

나를 먼저 갖춘 뒤 싸워라

# 방어하며 때를 기다려라

昔之善戰者 先爲不可勝 以待敵之可勝
석지선전자 선위불가승 이대적지가승

不可勝在己 可勝在敵
불가승재기 가승재적

軍形

옛날에 전쟁을 잘하던 장군은 먼저 자신을 적이 이길 수 없도록 만들어 놓고서 적을 이길 수 있을 때까지 기다렸다. 즉, 적이 자신을 이길 수 없는 완벽한 진용을 만들어 놓고 적을 이길 수 있도록 만들었던 것이다.

강한 상대를 약하게 만들려고 할 때는 항상 직접적인 공격만이 최선은 아니다. 오늘 입은 손실이 내일은 이익으로 바뀔 수도 있는 법이다. 다시 말해 적극적으로 방어하고 끊임없이 적의 군사력을 소진시켜 힘을 고갈시키면 열세에서 벗어나 주도권을 잡을 수 있다. 자신을 굳건히 방어함으로써 쉬면서 힘을 비축하고 반대로 적을 피로하게 만들면 열세를 우세로 전환시킬 수 있다는 말이다.

전국 시대 말 진秦나라는 매우 강한 나라가 되어 있었다. 진나라 왕 영정은 강국 초楚나라를 멸망시키고 중국을 통일하려는 욕망에 불타고 있었다. 그는 자주 회의를 소집하여 초나라를 정벌할 계획을 세우고 있었다. 어느 날 회의 도중에 젊은 장군 이신李信이 벌떡 일어나 호기롭게 소리쳤다.

"제게 20만 군사를 주십시오. 일격에 초나라를 치겠습니다."

그러자 노장군 왕전이 고개를 저으면서 말했다.

"제 생각에는 적어도 60만 군사가 필요하다고 봅니다."

하지만 이신은 왕전에게 늙은 겁쟁이라고 비웃으며 승리를 장담했다. 진왕은 이신의 패기를 믿고 20만 명의 군사를 내어주었다. 하지만 결과는 이신의 대패로 끝났다. 그러자 진왕은 자신의 판단이 잘못되었음을 뒤늦게 깨닫고 왕전 장군에게 전장으로 갈 것을 친히 요청했다. 왕전은 충심으로 진왕의 뜻을 받아들이고 출정했다. 며칠에 걸쳐 물 샐 틈 없는 진지를 구축한 왕전은 마침내 적과 대치하게 된 군사들에게 이렇게 명령했다.

"누구든지 내 명령 없이는 절대 적을 먼저 공격하지 마라."

그리고 왕전은 진지 안에서 낮에는 군사들과 함께 일을 했으며 밤에는 특식과 술을 나누어 주며 편히 쉬게 했다. 몇 달을 편하게 지낸 군사들은 당장이라도 전장으로 달려갈 것처럼 사기가 충만해졌다. 그러나 왕전은 다시 한번 어떠한 공격도 해서는 안 된다고 명령했다. 왕전은 군사들이 먼 길을 고생스럽게 걷느라 매우 지쳐 있다는 사실을 잘 알고 있었기 때문에 충분히 쉬도록 해둔 것이었다.

 그 후로도 왕전의 군사들은 몇 달간을 진지 안에서 공방 훈련과 신체를 단련하는 운동만을 했다. 그때 대치하고 있던 초나라 진영에서는 왕전을 전장으로 불러내려고 갖은 방법을 다 썼지만 그는 꿈쩍도 하지 않았다. 그렇게 일 년이 지나자 마침내 초나라 장군들은 이러한 대치 상황은 아무 의미도 없다며 병사들에게 철수 명령을 내렸다.

 바로 그때 드디어 때가 왔다고 생각한 왕전은 즉시 기습 공격을 감행했다. 일 년 이상 전장에서 대치했던 초나라 군사들은 완전히 전의를 상실한 터여서 그들의 진영은 삽시간에 사분오열되고 말았다. 왕전은 도망가는 초나라 군대를 끝까지 추격하여 회강 남쪽까지 내려갔으며 마침내 초나라의 수도인 수춘까지 진격해 들어가 초왕을 사로잡게 되었다.

 이 이야기에서는 싸움만이 능사가 아니고 방어를 하면서 때를 기다리는 것이 최대의 공격이 될 수 있다는 교훈을 일러주고 있다.

백성들이 관리를 두려워할 때가 호기

見<sub>견</sub>勝<sub>승</sub>不<sub>불</sub>過<sub>과</sub>衆<sub>중</sub>人<sub>인</sub>之<sub>지</sub>所<sub>소</sub>知<sub>지</sub> 非<sub>비</sub>善<sub>선</sub>之<sub>지</sub>善<sub>선</sub>者<sub>자</sub>也<sub>야</sub>

戰<sub>전</sub>勝<sub>승</sub>而<sub>이</sub>天<sub>천</sub>下<sub>하</sub>曰<sub>왈</sub>善<sub>선</sub> 非<sub>비</sub>善<sub>선</sub>之<sub>지</sub>善<sub>선</sub>者<sub>자</sub>也<sub>야</sub>

승리를 예측하는 능력이 여러 사람들이 알고 있는 수준에 불과하다면 그것은 가장 최선이라고 할 수 없다. 전쟁에서 승리한 것을 두고 천하 모든 사람들의 칭송이 자자하다면 이 역시 최선이라고 할 수 없다.

주周나라 무왕武王이 혼란에 빠진 은殷나라에 정탐꾼을 보내 동정을 살피게 했다. 며칠 동안 은나라의 동정을 살피고 돌아온 첩자가 무왕에게 보고했다.

"지금 은나라는 상당히 어수선한 상태입니다."

무왕이 물었다.

"얼마나 어수선한가?"

"악한 자들이 득세하여 착한 이들을 마구 짓누르고 있습니다."

그 말을 듣자 무왕은 고개를 가로저었다.

"그 정도라면 아직 나라가 어지럽다고 할 수는 없느니라. 돌아가서 다시 동정을 살피고 오라."

다시 며칠이 지나 첩자가 돌아와 보고했다.

"지금 은나라는 저번보다 더 어지러워진 상태입니다."

"그래, 혼란한 정도가 어디까지 이르렀더냐?"

"예, 지금 어진 사람들이 나라 밖으로 도망가고 있는 상태입니다."

그러나 무왕은 이번에도 고개를 가로저었다.

"아직도 나라가 혼란에 빠졌다고는 보기 힘드니 다시 돌아가 동정을 살피도록 하라."

다시 며칠이 지난 후 첩자가 돌아와 무왕에게 보고했다.

"이제는 나라 전체가 몹시 긴장에 싸여 있습니다."

그러자 무왕이 눈을 반짝이며 물었다.

"무엇 때문에 긴장하고 있느냐?"

"관리들의 독재가 너무 무서워 백성들이 모두 불평 한마디 하지 못하고 입을 다물고 있습니다."

그 말에 무왕이 무릎을 탁 치며 일어났다.

"이제 때가 되었구나. 어서 출정 준비를 하라."

작전 계획을 마친 무왕의 군대는 수백 대의 전차와 수천 명의 용맹한 군사를 앞세워 은나라 정벌에 나섰다. 은나라의 폭군 주왕紂王은 힘 한번 써보지 못하고 사로잡혔다.

위험에 대비하는 슬기로움

전국 시대 말 제나라에 맹상군孟嘗君이라는 정승이 있었다. 맹상군
은 인재를 좋아해서 많은 식객을 집에 두고 있었는데 그 식객들의
도움으로 정치와 외교에서 능력을 발휘했다. 맹상군의 식객들 가
운데 풍훤이라는 사람이 있었는데 어느 날 맹상군이 풍훤을 불러
말했다.

"여보게, 나의 영지領地인 설薛에 가서 내가 사람들에게 빌려주었
던 돈을 좀 받아다 주지 않겠나."

"예, 그러죠."

풍훤은 시원스럽게 대답을 한 뒤에 맹상군이 주는 빚 문서를 받아 들고 집을 나섰다. 맹상군의 영지인 설에 도착한 풍훤은 맹상군에게 빚을 진 자들을 모두 불러 모아 놓고 말했다.

"모두들 빚 문서를 내게 보여주시오."

풍훤이 맹상군에게서 받아온 빚 문서와 대조해 보니 모두 맞았다. 그런데 그다음 풍훤이 한 동작은 기가 차지 않을 수가 없었다. 빚 문서를 모두가 보는 앞에서 불에 태워버렸던 것이다. 그러고는 의아해하는 그들에게 이렇게 말했다.

"우리 자애로우신 맹상군께서는 여러분이 고생하고 있다는 사실을 알고 계십니다. 그래서 저를 내려보내 여러분의 빚을 탕감해주고 오라는 분부를 내리셨습니다."

그 말을 들은 빚진 이들은 너무 기뻐서 어쩔 줄을 몰라 했다. 빚을 받아오라고 내려보낸 풍훤이 한 푼도 받아오지 않은 것을 알고 맹상군은 떫은 얼굴을 했지만 풍훤은 시치미를 떼며 말했다.

"정승께서는 부귀를 누리고 계시지만 없는 것이 있습니다. 그것은 남에게 은혜를 베푸는 자비로움입니다. 빚 문서를 태워버리고 저는 대신 정승님을 위해 자비로움을 얻어서 돌아왔습니다."

그 일이 있은 지 일 년 후 맹상군은 제나라 민왕의 노여움을 사 재상의 자리에서 물러나게 되었다. 기가 죽어 자신의 영지로 돌아가게 된 맹상군은 재상 자리에서 쫓겨났기 때문에 백성들이 거들떠보지도 않을 줄 알았는데 백성들은 오히려 그를 위로하며 이렇게 말했다.

"자비로우신 맹상군님께서 정승이 되지 않으시면 누가 정승을 하겠습니까? 부디 마음을 편히 가지시고 임금님께서 다시 부르실 날을 기다리십시오."

이것이 바로 풍훤이 맹상군을 위해 준비해 놓은 첫 번째 계책이었다. 다음에 풍훤은 맹상군을 위해 두 번째 계책을 준비하기 위해 위나라로 가서 혜왕에게 말했다.

"제나라의 민왕은 사소한 일로 맹상군을 정승 자리에서 해임시켰습니다. 지금이 맹상군을 불러들이실 좋은 기회입니다. 맹상군이 위나라의 정승이 된다면 위나라는 지금보다 훨씬 강대해질 것입니다."

위나라 혜왕은 오래전부터 맹상군의 명성을 들어오던 터라 크게 기뻐하며 맹상군에게 금은보화를 선물하면서 정중히 위나라의 재상으로 와줄 것을 부탁했다. 그러나 맹상군은 정중히 거절했다. 사실은 이것도 풍훤의 꾀로 위나라 쪽의 상황이 제나라 민왕의 귀에 들어갈 것을 계산하여 취한 행동이었던 것이다.

한편 위나라에서 맹상군을 재상으로 앉히려고 한다는 소식을 들은 제나라 민왕은 만약 그렇게 되면 큰일이라고 생각했다. 그래서 얼른 맹상군에게 사람을 보내 자신의 처사를 사과하고 다시 재상으로 불러들였다. 이것이 풍훤이 맹상군을 위해 마련한 두 번째 계책이었다.

세 번째 계책으로 풍훤은 제나라 역대 제왕들의 위패를 모시는 왕실의 사당인 종묘宗廟를 맹상군의 영지인 설에 세우도록 했다. 왕

78

실의 종묘가 맹상군의 영지에 있는 한 후에 민왕이 맹상군을 내몰고 싶어도 어찌할 수가 없으리라는 계산을 했던 것이다.

이 이야기에서 풍훤이 우리에게 주는 교훈은 '슬기로운 자는 위험에 대비하여 미리 준비를 해놓는다'는 것이다.

故能自保而全勝也
고능자보이전승야

善攻者 動於九天之上
선공자 동어구천지상

善守者 藏於九地之下
선수자 장어구지지하

攻則有餘
공즉유여

공격은 전력이 남아돌 때 하는 것이다.
수비를 잘하는 자는 깊은 땅속에 잠긴 듯 지형을 이용하여 적을 막아내고,
공격을 잘하는 자는 높은 하늘 위에서 움직이는 듯 다양한 기상 조건을 이용한다.
그러므로 자신을 보호하면서 완전한 승리를 한다.

## 적을 압도하여 이기는 조건

若決積水於千仞之溪者形也 약결적수어천인지계자형야

勝者之戰民也 승자지전민야

故勝兵若以鎰稱銖 敗兵若以銖稱鎰 고승병약이일칭수 패병약이수칭일

승리하는 군대는 무거운 천칭으로 가벼운 저울추를 상대하는 것과 같고 패배하는 군대는 가벼운 저울추로 무거운 천칭을 상대하는 것과 같다. 승자의 전쟁은 마치 천 길 높이의 계곡에 가두어 놓았던 물을 터뜨리는 것과 같으니 이것이 군형이다.

전국 시대 때 진시황을 도왔던 전략가인 위료자는 적을 압도하여 능히 이기려면 다음과 같은 요건을 갖추고 있어야 한다고 말했다.

먼저 외적外的으로는 다음과 같은 12가지의 요건을 갖추고 있어야 한다고 강조한다.

첫 번째, 장수는 일단 내린 명령을 경솔하게 변경하지 않음으로써

위엄을 갖추어야 한다.

두 번째, 부하에게 상벌을 내릴 때에는 시기가 중요하다. 적절한 시기에 행하지 않으면 오히려 역효과를 낼 수도 있다.

세 번째, 적을 칠 좋은 기회를 얻는 것은 임기응변으로써 해야 한다. 그때그때의 상황에 따라 적절한 기회를 놓치면 효험이 없어지고 만다.

네 번째, 병사들의 사기를 잘 북돋아 주어 일치된 마음을 지니고 있어야 한다.

다섯 번째, 적을 공격할 때는 불시에 적의 허점을 노려 쳐야 효과가 크다는 사실을 알아야 한다.

여섯 번째, 비록 병력이 약하더라도 외관상으로는 강한 것처럼 보이기 위해 깃발을 무수히 휘날리고 돌담을 높이 쌓으며 참호를 깊이 파서 적으로 하여금 감히 공격할 마음을 갖지 못하도록 기氣를 꺾어 놓아야 한다.

일곱 번째, 적과 아군의 전력을 세밀하게 비교 분석하여 과오를 범하지 말아야 한다.

여덟 번째, 막상 싸움에 임했을 때 곤경에 빠지지 않으려면 반드시 평소에 충분한 예비 전력을 비축해 두어야 한다.

아홉 번째, 사소한 일이라도 두려운 마음을 갖고 신중하게 처리해야 한다. 거대한 제방이 무너지는 것도 하찮은 바늘구멍에서부터 시작되는 것이다.

열 번째, 참된 지략智略은 전쟁의 거대한 판도를 잘 헤아리는 데 있는 것이다.

열한 번째, 재난은 미리 방지해야 한다. 이렇게 하려면 지휘자의 결단력이 필요하다.

열두 번째, 지휘자가 병사들에게 신뢰를 얻으려면 자기를 낮추고 겸손하게 처신해야 한다.

그 다음으로는 내적內的으로 갖추어야 할 12가지의 요건을 말하고 있는데 다음과 같은 내용이다.

첫 번째, 조금이라도 의심스러운 자에게는 중책을 맡기지 말아야 한다. 그렇게 되면 지휘자는 반드시 후회하게 된다.

두 번째, 아군은 물론이고 비록 적이라 하더라도 너무 가혹하게 살육殺戮하게 되면 공포 분위기가 조성되어 재앙의 원인이 된다.

세 번째, 지휘자는 사심私心을 버리고 부하들에게 고르게 혜택이 돌아가게 해야 하며 편파적인 행동을 하면 안 된다.

네 번째, 지휘자는 부하들의 충고에 귀를 기울여야 한다. 그런 아량이 없으면 불상사가 일어나기 마련이다.

다섯 번째, 전쟁은 백성들의 재물로써 치러지는 것이므로 지휘자는 이를 아끼고 낭비되는 것을 막아야 한다.

여섯 번째, 지휘자는 적의 첩자에게 현혹되어서는 안 된다. 지휘자가 명철하지 못한 것은 적의 첩자가 전하는 유언비어에 귀를 기울이기 때문이다.

일곱 번째, 국내외의 정세를 세밀하게 파악하여 그 정세가 유리하다고 판단될 때 출병出兵해야 한다.

여덟 번째, 지휘자가 지나치게 고집이 세고 어리석으면 현자賢者를 가까이에 둘 수 없다.

아홉 번째, 모든 불상사의 화근은 지휘자가 자신의 이익만을 탐하기 때문이다.

열 번째, 지휘자가 소인小人이나 아첨꾼을 가까이하면 반드시 해악을 끼치게 마련이다.

열한 번째, 병사들의 사기가 떨어져 있고 백성들이 군대를 신뢰하지 않으면 전쟁을 하기도 전에 패하게 된다. 따라서 지휘자는 병사들의 사기를 높여 백성들로 하여금 강한 군대라는 인식을 갖도록 해야 한다.

열두 번째, 명령이 아래까지 제대로 미치지 못하면 위기에 봉착하게 되므로 지휘자는 명령체계를 확실히 다져 놓아야 한다.

술과 여색을 밝히는 진짜 이유

故<sub></sub>擧秋毫不爲多力
고거추호불위다력

見日月不爲明目
견일월불위명목

聞雷霆不爲聰耳
문뢰정불위총이

가벼운 털을 들고 힘이 세다고 말하지 않는 법이며 밝게 빛나는 해와 달을 보는 눈을 밝은 눈이라 하지 않는다. 또한 우레처럼 큰 소리를 듣는 귀를 총명한 귀라고 하지 않는 법이다.

중국 고대 정(鄭)나라의 정치가로서 명재상이라는 칭송을 듣고 있던 자산(子産)은 임금에게 두터운 신임을 얻고 있었으며 백성들의 칭찬도 자자했다.

자산에게는 공손조(公孫朝)라는 형과 공손목(公孫穆)이라는 아우가 있었는데 형은 술을 무척 좋아했고 아우는 여색을 너무 밝혔다. 그래서 형의 집에는 언제나 술이 넘치도록 창고에 저장되어 있었고 한 번 술을 마셨다 하면 세상이 어떻게 돌아가는지 모를 정도로 정신이 없었다. 또한 동생은 자기의 넓은 집에 여러 채의 방을 들여놓고 미인들을 데려와 방마다 기거하게 했다. 그리고 한 번 음욕을 일으켰다 하면 이 방 저 방을 석 달 열흘 동안 전전하며 보냈다.

자산에게 이 두 사람은 언제나 근심거리였다. 자기처럼 벼슬을 할 생각은 고사하고 자기 이름에 먹칠을 하고 있는 상황이었으니 답답한 일이 아닐 수 없었던 것이다. 그래서 하루는 등석이라는 친구를 찾아가 형제들의 문제에 대해 한탄했다. 그러자 친구가 이렇게 말했다.

"나도 자네 심정은 충분히 이해하네. 그렇지만 자네에게도 잘못이 있어. 왜 자네 형과 아우가 맑은 정신으로 있을 때 찾아가서 충고해 주지 않았나? 그들도 사람이니 자네 충고를 받아들일 걸세."

자산은 친구가 일러준 대로 다음 날 당장 두 형제를 찾아가 제발 향락에 빠진 생활을 청산하고 바르게 살라고 충고했다. 먼저 아우에게 찾아가 그런 충고를 했더니 아우가 말했다.

"형님 제가 비록 음욕에 젖어 생활하고 있지만 그 정도도 모르는 멍청이는 아닙니다. 저도 형님처럼 나라를 위해 이로운 일을 하면 여러 사람들에게 존경받으며 살 수 있다는 것을 알고 있습니다. 하지만 그런 사실을 알고 있으면서도 벌써 오래전에 이 길을 택한 것입니다. 그러니 이제 와서 형님의 충고는 제게 아무 소용없습니다."

"그럼 너는 죽을 때까지 이런 생활을 계속하겠다는 것이냐?"

"저는 그럴 생각입니다."

"도무지 그 이유가 무엇이냐? 색욕이 그렇게 좋단 말이냐?"

"단지 그뿐만은 아닙니다. 그 이유는 큰형님께 가서 여쭈시지요."

그래서 자산은 형에게 찾아가 그런 생활에서 빠져나오지 못하는 이유를 물었다. 그랬더니 형이 대답했다.

"자연스런 욕망을 힘들게 참아가면서까지 명성을 얻는 짓을 할 바엔 차라리 죽는 게 낫다는 것이 내 생각이다. 사람들은 살아가면서 배불리 먹고 마시지 못하면 어떻게 하나 걱정하고 또한 남의 이목이 있어 자기 욕정을 제대로 분출하지 못하고 있다. 그것은 모두가 세상에서 명성을 얻고자 하는 욕망이 더 크기 때문이다. 더구나 자네는 나라를 다스리는 재주를 여러 사람들에게 자랑하며 그들에게서 얻은 명예를 가지고 우리들의 마음까지 빼앗으려 하고 있지만 그건 어리석은 짓이니 그만 포기하게. 만약 끝까지 우긴다면 나와 막내는 자네를 만나지도 않을 걸세. 대체로 겉모양을 다듬는 사람은 사물을 다스리기가 어렵지만, 마음속을 제대로 다스리는 사람은 사물의 속성을 꿰뚫어 보아 잘 다스릴 수 있는 법이네. 그러니 자네는 나라를 계속 다스리게나. 나와 막내는 이 광활한 자연과 더불어 대화하고 즐기면서 살겠네."

형의 장황한 이야기를 듣고 나자 자산은 아무 대답도 하지 못한 채 돌아오고 말았다.

며칠 후 자산은 친구인 등석을 만나 형과 아우가 한 말을 그대로 전했다. 그랬더니 등석이 자산에게 이렇게 말했다.

"등잔 밑이 어둡다더니 자네는 도를 깨달은 사람과 함께 있으면서도 까맣게 모르고 있었구먼. 그런 자네를 가리켜 지혜 있는 사람이라고 추켜세운 사람들이 참 한심스럽구먼. 그리고 지금 정나라가 잘 다스려지고 있는 것도 우연일 뿐 꼭 자네 때문은 아니었던 것 같구먼."

# 먼저 달걀을 깬 사람이 승자

是故勝兵先勝而後求戰 (시고승병승이후구전)
敗兵先戰而後求勝 (패병선전이후구승)
善用兵者修道而保法故能為勝敗之政 (선용병자수도이보법고능위승패지정)

승리하는 군대는 먼저 승리할 수 있는 상황을 만들어 놓은 후에 전쟁을 하고 패배하는 군대는 먼저 전쟁을 일으키고 난 뒤에 승리하려고 애쓴다. 용병을 잘하는 자는 승리의 도를 닦고 승리의 법과 제도를 잘 보전하기에 승패를 다스릴 수 있는 능력이 생기게 된다.

콜럼버스가 아메리카 대륙을 발견하고 돌아왔을 때 영국 국민은 콜럼버스를 열렬히 환영했다. 그러나 이러한 인기를 질투하고 좋지 않게 생각한 사람들이 있었다. 그중 한 사람이 콜럼버스의 신대륙 발견에 대해 이렇게 말했다.

"사람들은 당신이 신대륙을 발견했다고 난리들이지만 그게 뭐 그리 대단한 일이오? 누구라도 배를 타고 서쪽으로 자꾸 가다 보면 자연히 신대륙을 발견하는 것 아니오."

콜럼버스는 차분한 목소리로 이렇게 응수했다.

"당신 말대로 신대륙을 발견하는 일은 누구나 배를 타고 서쪽으로 가기만 하면 될지도 모릅니다. 그렇다고 해서 당신의 말이 명백하게 옳다고는 볼 수 없습니다."

"뭐가 옳지 않다는 거요?"

콜럼버스는 대답 대신 계란을 들고 와서는 주위에 모여 있던 사람들에게 말했다.

"여러분 중에 누구든지 좋으니 탁자 위에 놓여 있는 이 달걀을 길게 세워 보십시오."

그러자 사람들은 계란을 탁자 위에 세우려고 애를 썼다. 그러나 한 사람도 계란을 길게 세우지 못했다. 여기저기서 불만 섞인 소리들이 튀어나왔다.

"말도 안 되는 짓을 가지고 공연히 우리를 골탕 먹이지 마시오."

콜럼버스는 사람들을 진정시킨 뒤 계란 한 개를 들어 보이며 말했다.

"지금부터 내가 계란을 길게 세워 보이겠습니다."

그리고는 계란 끝을 가볍게 탁자 위에 두들겨 깬 후 똑바로 세워 보였다. 그러자 콜럼버스를 비웃던 그 사람이 또 나서서 말했다.

"아니, 그렇게 계란을 깨서 세우면 누군들 못한단 말이오?"

콜럼버스가 그에게 말했다.

"그렇습니다. 이것도 그렇게 어려운 일은 아니죠. 그러나 사람들은 어느 누구도 이 방법을 알지 못했습니다. 다시 말해, 내가 계란을 세우는 것을 지켜본 후에야 끝을 깨뜨려서 세울 수 있다는 사실을 알게 되었다는 말입니다. 내가 아메리카 대륙을 발견한 것도 이것과 다르지 않습니다. 누구든 발견할 수 있었겠지만 내가 먼저 그 일을 했다는 것이 중요하다는 말입니다."

兵勢　병세

지혜로운 장군은 기세로 싸운다

적에게 끌려다니지 말라

故善動敵者 고선동적자
形之敵必從之 형지적필종지
予之敵必取之 여지적필취지
以利動之以卒待之 이리동지이졸대지

적을 선동하는 데 유능한 자는 진형을 잘 이용하여 적이 기꺼이 아군을 따르도록 만든다. 적이 기꺼이 미끼를 탈취하게 만들고 이득을 얻기 위해 적병이 움직이면 아군의 병졸로 대적하면 된다.

당나라 태종 이세민이 전략에 대해 논하다가 백전노장 이정李靖에게 물어보았다.

"나는 여러 병서兵書를 살펴보았지만 모두가 손자병법에서 벗어나지 않았으며 손자병법의 열세 편은 모두가 '허실편虛失篇'에서 벗어나지 않았다고 생각되오. 그러기에 용병을 하는 자들이 허와 실의 형세만 알고 있으면 승리는 보장된 것이나 다름없을 것이오. 요즘 사람들은 적이 견고하면 싸움을 피하고 허약하면 공격한다고 말하지만 막상 적과 부딪혔을 때는 그 허실을 적용할 수 있는 자가 많지 않은 듯하오. 이것은 적을 내 쪽으로 끌어오지 못하고 오히려 적에게 끌려다니기 때문이오. 어떻게 생각하오? 그대가 이러한 이치에 대해 여러 장수들에게 그 요점을 설명해주시겠소?"

이정이 대답하였다.

"장수들에게 이것을 가르치려면 우선 기병奇兵과 정병正兵이 서로 변화하는 술법을 가르치고 그 후에 허실虛失의 형태를 말해주는 것이 옳을 것입니다. 대부분의 장수들은 기병이 정병이 되고 정병이 기병이 된다는 이치를 모르고 있습니다. 그러니 어찌 허가 실이 되고 실한 것이 오히려 허가 된다는 이치를 알겠습니까?"

태종이 다시 말하였다.

"손자병법에 따르면 싸우기 전에 미리 헤아려서 적의 전술에 대해 장단점을 알고 적의 움직임을 봄으로써 기동력을 분석하며 아군의 진영陣營을 보여줌으로써 적의 동태를 살피고 적과 접촉해 봄으로써 적의 힘이 강한지 약한지를 알 수 있다고 하였소. 그렇다면 기병을 쓰느냐 정병을 쓰느냐는 아군에게 달려 있고 허세냐 실세냐는 적에게 달려 있다는 말이오."

이정이 대답하였다.

"아군의 기·정 전술은 적의 허와 실이 드러나도록 하는 것입니다. 그리고 적의 병력이 실하면 아군은 정병으로 대하고 허하면 아

군은 반드시 기병으로 기습 공격을 해야 합니다. 그런데 지휘자가
이러한 기·정 전법을 모르면 적의 허실을 안다 하더라도 대응할
수가 없습니다. 따라서 저는 장수들에게 기병과 정병의 전술만을
가르치려고 합니다. 그것만 알면 허와 실의 형세는 저절로 알게 될
것이기 때문입니다. 자, 고로 병서에는 천만 가지의 무수히 많은 말
들이 적혀 있지만 이 모든 말은 손자병법 허실편에 나와 있는 '적을
이끌어야지 적에게 끌려다녀서는 안 된다'는 한마디에서 벗어나지
않습니다. 저는 바로 이것을 장수들에게 가르치려는 것입니다."

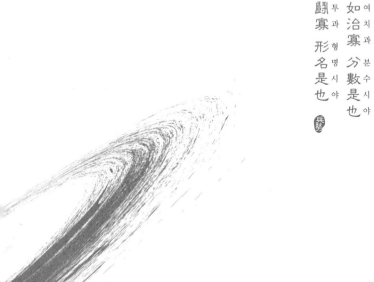

매미가 허물 벗듯 빠져나가는 지혜

鬪衆如鬪寡　形名是也 투중여투과　형명시야
凡治衆如治寡　分數是也 범치중여치과　분수시야

대규모의 병력을 소규모 병력을 통치하듯 하려면 병력 수를 분리해야 한다. 대규모 병력이 전투를 하는 데 적은 병력의 싸움처럼 하게 하려면 깃발과 같은 신호나 악기 소리 같은 것으로 군대를 효율적으로 지휘하는 것이 중요하다.

양쪽 모두 전선을 배치해 놓고 대치한 상태에서 아군이 승리할 가능성이 적다고 판단되는 경우에는 가상전선을 만들어 내는 것이 가장 적합한 전술이다. 이 가상전선이 원래 전선인 것처럼 꾸미고 살며시 그곳에서 후퇴하는 식으로 하면 동맹군으로부터 의심도 받지 않고 적군이 함부로 공격을 하지도 못하게 된다. 이 상황에서 적당히 전술적인 후퇴를 하는데, 지나치게 멀리 도망가지는 않는다. 이후에 공격하기 좋은 때를 기다렸다가 다시 공격을 감행한다.

중국 북송 시대 때 금金나라는 나날이 힘과 영향력을 쌓아 중원을 누비며 영토를 확장해 나갔다. 이렇게 그들이 영토를 늘려나갈 때마다 중원의 백성들은 무고하게 죽어갔고 이들의 괴로운 비명은 하늘을 찌르고 있었다.

조정에서는 필재우畢再遇 장군에게 정예군 1만 명을 주어 밀려오는 금나라 군대를 방어하도록 명령했다. 필재우 장군은 그의 군사력이 매우 약하다는 사실을 뼈저리게 느끼고 있었지만 무고한 백성들이 죽어가고 있는 현실을 생각해 기꺼이 한목숨을 바치겠노라고 결심했다.

그러나 전쟁은 마음만 가지고 되는 게 아니었다. 필재우는 자신의 병력이 약하다는 것을 잘 알고 있었기 때문에 정면 대결을 피하고 기습공격이나 야간공격을 주로 했지만 번번이 실패했다. 병사들의 숫자가 점점 줄어들고 꼼짝없이 포위망에 갇히게 된 필재우 장군은 마침내 독감과 정신적 압박감 때문에 병석에 누워 아무것도 할 수 없게 되었다. 필재우의 건강 상태는 점점 악화돼 군의에게 진찰을 받기에 이르렀다.

어느 날, 필재우의 진맥을 마친 후 군의가 말했다.

"장군님의 병은 매미껍질로 만든 약을 드셔야 낫습니다."

"매미껍질을 먹어야 한다고? 매미껍질…… 그래, 바로 그거야."

불현듯 필재우의 뇌리에 기가 막힌 생각이 스치고 지나갔다. 그는 침상을 박차고 일어나 갑자기 군의에게 큰절을 하면서 "이렇게 좋은 처방을 해주셔서 고맙소"라고 말했다. 그리고 곧장 장수들을 불러 난데없이 철수 준비를 하라고 명령했다.

이튿날 아침 필재우는 일단의 병사를 가까운 마을로 보내 기운 센 염소 3백 마리와 북을 사 오도록 했고, 다른 병사들에게는 진지 주변에 염소 숫자만큼의 기둥을 세우도록 했다. 그리고 그날 저녁 3백 마리의 염소를 기둥에다 거꾸로 매달고 염소 밑에다가 북을 가져다 놓았다. 그러자 거꾸로 매달린 염소들이 흥분하여 발길질을 해댔고 염소 밑에 있던 북을 마구 두드리기 시작했다. 필재우 군대는 이 틈을 타 살며시 진지를 빠져나갔다.

필재우 진영의 북소리는 닷새 동안이나 계속되었다. 하지만 금나라 진영에서는 필재우의 군사들이 훈련을 하고 있는 중이라고만 여길 뿐 별다른 의심을 하지 않았다. 엿새째 되는 날 우렁차던 북소리가 갑자기 힘없이 들리기 시작했다. 금군은 그제야 수상한 생각이 들어 군대를 보냈으나 이미 필재우의 군사들은 다 빠져나간 후였다.

## 용병의 극치는 변화무쌍한 전술

三軍之衆 可使必受敵而無敗者 奇正是也
삼군지중 가사필수적이무패자 기정시야

兵之所加 如以碬投卵者 虛實是也
병지소가 여이하투란자 허실시야

대규모 군대를 통솔하던 중 적의 기습공격을 당하더라도 패배하지 않게 하려면 기이한 변칙전술과 정석의 병술을 조화롭게 운용해야 한다. 군대가 공격할 때는 마치 숫돌로 계란을 부수듯이 적의 허와 실을 잘 알고 있어야 한다.

당나라 태종太宗 이세민李世民이 백전노장 이정李靖과 병법에 대한 이야기를 나누다가 이렇게 물었다.

"고구려가 수차례 신라를 침략하고 있소. 그래서 내가 사신을 보내 여러 차례 말렸는데 듣지 않아서 정벌을 하려고 하오. 장차 어떻게 하는 것이 좋겠소."

이정이 대답하였다.

"신이 고구려의 연개소문淵蓋蘇文에 대해 알고 있는 바에 의하면 자신이 병법에 능통하다고 자부하면서 중국이 고구려를 정벌하러 나서지 못할 것이라고 장담하고 있는 듯싶습니다. 제게 3만의 군사를 주시면 그를 사로잡아 오겠습니다."

태종이 고개를 갸웃거리며 다시 물었다.

"3만의 군사는 너무 적지 않겠소? 더구나 고구려는 멀리 떨어져 있는 나라인데 어떤 전법을 쓰려는 것이오?"

이정이 차분한 어조로 답했다.

"정병술正兵術을 쓸 생각입니다."

"지난번에 돌궐족突厥族을 토벌할 때는 기병술奇兵術을 쓰지 않았소? 그런데 이번에는 왜 정병술을 쓰려고 하오?"

"옛날에 제갈공명이 맹획을 일곱 번 놓아주었다가 다시 일곱 번을 사로잡을 수 있었던 것은 바로 정병술을 썼기 때문입니다. 또한 신이 돌궐을 칠 때 서쪽으로 몇천 리나 진격해 들어갔습니다. 만일 그때 정병이 아니었더라면 어찌 그와 같이 멀리 갈 수 있었겠습니까?"

여기서 말하고 있는 정병술이란 적과 정면으로 대결하는 것을 가리키며 기병술이란 적의 허점을 노려 기습적으로 공격하는 것을 말한다. 이정은 전진하는 군사를 정正이라 하고 후퇴하는 군사를 기奇라고 정의했지만 용병用兵을 잘하는 사람은 정병을 쓰든지 기병을 쓰든지 그것은 그 사람에게 달려 있다고 강조했다. 그러면서

《손자병법》의 내용을 인용하여 '적에게는 우리의 전술이 보이는 것 같겠지만 실제로 우리에게 고정된 전술이란 없다'는 말이야말로 정병과 기병의 전술에 대한 최고의 경지를 나타낸 것이라고 강조했다. 즉, 용병을 잘하게 되면 정병이 아닌 부대가 없고 기병이 아닌 부대가 없어 적군이 예측하지 못하게 된다는 것이다.

군주를 대신한 의로운 죽음

사람의 운세는 기울 수도 있고 흥할 수도 있다. 운세가 기울 때 반드시 알아야 할 것은 작은 것을 희생하여 큰 것 즉, 전체를 구해야 한다는 것이다.

초楚나라와 한漢나라가 서로 전쟁을 할 때의 일이다. 초나라 항우項羽의 대군은 한나라 유방劉邦을 형양滎陽 성에서 포위하려 했다. 유방이 고개를 들어 먼 곳을 바라보니 성 밖의 어두컴컴한 곳에는 초나라 군사들이 겹겹이 둘러싸고 있었다.

유방은 위기를 느끼고 안절부절못했다. 이때 장군 기신紀信이 좋은 생각이 떠올랐다며 유방의 귀에 대고 무언가를 속삭였다. 유방이 이를 듣고 쓴웃음을 지었으나 상황이 다급한 터라 그의 계략대로 따를 수밖에 없었다.

유방은 외투를 벗어 기신에게 건네주었다. 기신이 옷을 바꿔 입으니 그 모양새가 유방과 그리 다르지 않았다. 기신은 유방의 분장을 한 채 적에게 투항하기 위해 성문 앞으로 다가갔다. 유방은 그런 기신의 행동이 얼마나 위험한 것인지 알고 있었기 때문에 그의 손을 잡고 눈물을 흘리며 말을 잇지 못했다. 밤이 어두워지고 천지가 몽롱해졌다. 기신은 호위병에 둘러싸인 채 가마를 타고 성 밖으로 나갔다. 그 모습을 본 초나라 군사들은 당연히 유방이 밖으로 나온 줄 알고 북을 치고 함성을 질렀다.

"적장 유방이 걸어 나오고 있다!"

"유방을 놓치지 마라!"

초나라 군사들은 삽시간에 기신이 타고 있는 가마 주변을 포위했다. 그러자 기신은 태연히 가마에서 내려와 주변의 초나라 군사들을 꾸짖었다.

"이놈들! 아무리 적국이지만 난 한나라의 국왕이다. 나를 항우에게 데려가지 못하겠느냐!"

그때까지도 초나라 군사들은 얼굴을 제대로 드러내지 않은 기신을 유방으로 착각하고 있었다. 기신은 초군을 따라 막사로 향했다. 초나라 막사로 들어간 기신은 고개를 숙인 채 아무 말도 하지 않고 있었다. 그러자 이를 이상히 여긴 항우가 그의 고개를 치켜들고 똑

106

바로 얼굴을 쳐다보았다. 항우는 그를 보자 깜짝 놀라 큰소리로 외쳤다.

"이런 바보들 같으니 빨리 진짜 유방을 추격해라!"

그러나 유방은 이미 기신이 성문을 나설 때 기병 몇 십 명을 이끌고 뒷문으로 빠져나가 아득한 어둠 속을 달리고 있는 중이었다. 몹시 진노한 항우는 기신을 산 채로 불에 태울 것을 명령했다. 그때 기신은 조금도 두려워하는 기색 없이 태연히 말했다.

"하하하, 이 일은 내가 자초한 일이었다. 우리 한 왕께서는 이미 멀리 가셨을 테니 추적을 단념하는 것이 좋을 것이다."

기신은 결국 불에 타 죽었지만 그의 죽음으로 한나라 왕 유방은 위기에서 벗어날 수 있었다.

亂生於治 怯生於勇 弱生於強

난생어치 겁생어용 약생어강

治亂 數也 勇怯 勢也 強弱 形也

치난 수야 용겁 세야 강약 형야

혼란스러움은 다스림에서 비롯되며 비겁함은 용기에서 생긴다.
또한 약함은 강함에서 발생하는 것이다.
혼란스러움과 정돈됨은 병력의 적절한 편성에 달려 있다.
용맹과 비겁을 결정하는 것은 기세이고 막강함과 나약함을 결정하는 것은 진형이다.

# 강물에 술을 붓고 나눠 마신 장군

故善戰者求之於勢不責之於人故能擇人而任勢
고선전자구지어세불책지어인고능택인이임세

任勢者其戰人也如轉木石
임세자기전인야여전목석

전쟁을 잘하는 자는 싸움터에서 승리를 구하고 병사들을 문책하지 않는다. 따라서 능력 있는 자를 택하여 장수로 임명하고 그에게 병세兵勢를 맡겨야 한다. 병세를 잘 조정하는 자는 전쟁을 할 때 병사들을 나무나 돌을 굴리는 것처럼 한다.

옛날에 어진 장군이 있었다. 한차례 적과 치열한 전투를 끝내고 막사에 돌아와 잠시 쉬는 중이었는데 그때 병사 하나가 들어오더니 술이 담긴 단지 하나를 주고 갔다. 장군이 힘들어하는 것을 보고 피곤을 풀라는 뜻에서 선사한 것이었다. 그런데 장군은 그 술을 마시지 않은 채 술 단지를 들고 강으로 가더니 술 단지의 뚜껑을 열어

강에 모두 부어버렸다. 술을 선사한 병사가 의아해하며 고개를 갸웃거리자 장군이 병사들에게 큰 소리로 말했다.

"모두들 전투를 치르느라 힘이 들었을 테니 여기 강가로 와서 술한 모금씩 마시고 피로를 풀도록 하자."

그러자 병사들은 장군의 덕성德性에 깊이 감동하여 기꺼이 목숨을 바쳐 전투에 임할 것을 다짐했다. 깊은 강물 속에 겨우 술 단지 하나를 던져 넣었다고 해서 그것이 술이 될 리는 없다. 하지만 병사들을 위하는 장군의 마음은 헤아리고도 남음이 있다.

군대와 전쟁의 비결을 적은《군참》에서도 어진 장군은 어떠해야 하는지를 이렇게 설명하고 있다.

"모름지기 어진 장군이란 이러해야 한다. 군대에서 마실 우물을 파고 있는데 아직 물줄기를 찾지 못했을 때는 목마르다고 말하지 말아야 하고, 군대의 막사가 아직 세워지지 않았으면 피곤을 말하지 말아야 하며 군대의 부뚜막에 아직 불을 때지 않았을 때는 배고픔을 이야기하지 말아야 한다. 겨울에는 혼자 털옷을 입지 않고 여름에는 혼자 부채를 잡지 않으며 비가 와도 혼자 덮을 것을 쓰지 않는다. 이를 장군의 예禮라고 한다.

편안할 때나 위험할 때나 장군은 늘 병사들과 함께 해야 한다. 그렇게 하면 병사들은 일치단결하게 되며 아무리 힘든 일을 해도 피곤한 줄을 모르게 된다. 이것은 장수의 의로운 은혜가 병사들에게 고루 미쳐 그들의 마음을 가져왔기 때문이다."

虛實　허실

내 이익에 앞서 적의 허를 찔러라

강한 적은 세력을 분산시켜라

중국 전국 시대 때인 기원전 354년 계릉桂陵이라는 곳에서 위魏나라와 제齊나라 사이에 전투가 벌어졌다. 당시 위나라는 중원을 장악해 오랫동안 최강의 국가로 군림해 오고 있었다. 그런 가운데 제나라는 위나라와 전쟁을 하여 진정한 승부를 가리려고 했다.

위나라는 자기 힘을 더욱 과시하기 위해 방연龐涓에게 8만 군사를 주어 조趙나라의 수도 한단邯鄲을 공격했다. 위군의 기세는 대단해서 조나라 군대는 감히 막을 엄두도 못 냈다. 나라가 망할 위기에 처하자 조나라 왕은 마치 뜨거운 가마 속의 개미처럼 갈팡질팡하며 허둥댔다. 조왕은 생각 끝에 제나라에 구원을 요청했다. 이 소식을 들은 제나라 대신들 사이에는 여러 가지 의견이 오갔다.

"위나라 병력은 강하기 때문에 우리가 지원군을 보내서 그들과 싸운다 해도 승리를 보장할 수 없소."

"그러나 이대로 수수방관한다면 조나라는 곧 망하고 위나라 세력은 더욱 커질 것이오. 그러면 우리 제나라에 대한 위협도 가중될 것이 분명하오."

결국 제나라 왕은 조나라를 구하기로 결정했다. 그리하여 제나라 황제인 위왕은 전기田忌에게 대장군의 직책을 위임하고 전략 고문 손빈과 더불어 8만 대군을 파병했다.

군대가 출발하기 전 두 사람은 작전을 상의했다. 전기는 직접 한단으로 쳐들어가 위군과 결전을 해서 조나라를 포위에서 벗어나게 해야 한다고 주장했다. 그러나 손빈은 절대 안 된다고 말하면서 엉켜 있는 실뭉치를 들고 왔다. 그러고는 전기에게 엉킨 실타래를 풀어보라고 했다. 전기가 실뭉치를 풀려고 애를 썼으나 시간이 지날수록 실타래는 더욱 엉켰다. 그러자 전기는 당황한 나머지 얼굴이 붉어졌다.

이때 손빈이 웃으며 말했다.

"일국의 대장군이 실타래 하나 풀지 못하다니 가관이군. 억지 쓰지 말고 잠시 실타래 푸는 것을 싸움을 화해시키는 것에 비교해 보시오. 정전停戰을 권유할 때에는 항시 제삼자 입장에서 해야 하는 것이오. 당사자들처럼 무력으로 대응한다면 화해를 시킬 수가 없소.

그러니 우리가 조나라를 구하고자 하는 것도 이와 똑같은 이치요."

이렇게 말한 손빈은 한 가지 계책을 제안했다. 손빈의 계책을 들은 전기는 대단히 흡족해하며 받아들였다. 그는 먼저 단단하게 만들어진 전차 한 대와 정예부대를 보내어 위나라 수도인 대량으로 진군하도록 했다. 그리고 주력부대는 대량으로 통하는 길목인 계릉이라는 곳에 매복시켰다.

한편 위군의 장수 방연은 한단성을 공격할 만반의 준비를 끝내고 곧 공격 명령을 내리려 하고 있었다. 그런데 그때 갑자기 병사 하나가 허둥거리며 막사 안으로 들어왔다.

"지금 제나라 군대가 우리 수도 대량을 공격했다는 전갈입니다."

상황이 워낙 긴박했기 때문에 방연은 오랜 전쟁으로 지쳐 있는 사병을 돌볼 겨를도 없이 주력부대를 인솔해 대량을 구하려고 말머리를 돌렸다.

위나라군은 주야를 가리지 않고 행군하여 간신히 계릉까지 도착했는데 이때 병마兵馬는 이미 지칠 대로 지쳐 있었다. 그런데 이미 계릉에 매복해 있던 전기의 주력부대는 기다렸다는 듯이 맹공을 가했다. 승패는 이미 정해진 것이나 다름없었다. 지쳐 있는 위군은 거의 전멸하다시피 했고 방연은 간신히 살아 도망갔다.

손빈은 위군의 정예부대가 조나라에 주둔해 있었기 때문에 위나라 국경의 방비가 허술하다는 사실을 알고 있었다. 따라서 손빈은 위나라 수도를 공격하여 적을 유인했고 결국 이 계략을 알지 못한 방연이 덫에 걸려들고 말았던 것이다. 위나라는 강제로 화해조약

116

을 맺고 한단을 순순히 조나라에게 돌려주어야 했다. 그리하여 조나라는 멸망의 위기를 모면했다.

사기가 충천해 있는 군대를 공격해서는 승리하기가 어렵다. 그러므로 그러한 상황에서는 적의 병력을 분산시킨 뒤 각각 격파시키는 것이 낫다는 교훈을 얻을 수 있다. 다시 말해, 상대방이 강화해 놓고 있는 힘의 집결지를 직접 공격하지 않고 후방을 쳐서 힘을 무력화시키는 전술을 써야 한다는 것이다.

'계란으로 바위 치기'라는 말이 있듯이 너무 강한 상대에게 무모하게 대들면 패배할 게 뻔하다. 따라서 상대가 너무 강할 때는 정면으로 대들 게 아니라 상대의 허술한 점을 잘 파악하여 그곳을 공격해야 승리를 얻을 수 있다.

故形人而我無形 則我專而敵分

我專爲一 敵分爲十

是以十攻其一也

적의 진형은 드러나게 하고 아군의 진형은 보이지 않도록 하여
아군의 역량을 모두 한곳에 집중하면 적의 세력은 분산될 수밖에 없다.
그리하여 아군의 세력을 모두 한곳으로 집중하고,
적군의 세력은 열 곳으로 분산시킨다면 열 개의 힘으로
적의 한곳을 공격하는 상황이 되는 것이다.

# 적이 모르게 우회하여 얻은 승리

吾所與戰之地<br>
不可知不可知則敵所備者多<br>
敵所備者多則吾之所戰者寡矣

> 아군이 공격할 장소를 적이 모르도록 해야 한다. 적이 알지 못하면 그들이 대비해야 할 장소가 많아지게 되고 그렇게 되면 아군이 싸울 적병의 수가 적어지게 되는 것이다.

아군이 공격할 목표를 은근히 흘려 놓으면 대개 적군은 병력을 모아 그쪽에 튼튼한 방어진을 구축한다. 바로 이때를 이용해서 쥐도 새도 모르게 우회하여 적의 심장부를 기습하는 전술이 있다. 즉, 적의 허점을 찔러 적이 미처 대비하지 못했을 때 공격하여 승리를 얻는 전법이다.

진시황秦始皇이 죽은 후 천하 각지에서 반란군이 일어났는데 그중에서 강한 세력을 갖고 있던 것이 유방劉邦과 항우項羽가 이끄는 반란군이었다. 그 둘 중에서도 항우의 세력이 더 강했다.

처음에 유방은 중원中原 일대의 비옥하고 풍요로운 땅을 점령했었다. 게다가 그 땅은 공수 양면에서 매우 유리한 지형이었는데 항우는 유방이 나중에 세력을 확대하여 자기를 칠 것을 두려워해 그를 중원 밖의 한漢나라 왕에 책봉하여 중원에서 내몰았다.

유방은 항우가 자기를 중원 밖으로 쫓아낸 뜻을 잘 알고 있었기에 이왕 물러날 바에는 항우가 또다시 자기에게 다른 마음을 먹지 않도록 하기 위해 확실하게 굴복한다는 뜻을 전해야겠다고 마음먹었다. 그래서 유방은 군사를 이끌고 퇴각하면서 중원으로 들어오는 길목인 관중 땅에 설치된 긴 나무다리를 불살라 다시는 중원 땅으로 들어오지 않겠다는 뜻을 전했다. 그리고 속으로는 복수심을 불태웠다.

유방이 물러가자 항우는 장한章邯 등 세 명의 상군에게 관중 땅을 지키게 했다. 그러나 그 장군들은 원래 진나라가 망할 당시 항우에게 투항한 자들로서 항우의 세력만 믿고 오만방자하게 굴었다. 그래서 관중의 백성들은 관대하고 너그러웠던 유방을 그리워하고 있었다.

한편 한나라 땅으로 쫓겨나온 유방은 항우 몰래 군사를 훈련시키고 군량미를 확보해 다시 중원으로 들어갈 태세를 갖추기 시작했다. 그렇게 몇 달이 지난 뒤 때가 무르익었다고 판단한 유방 군대의 대장 한신韓信이 계책 하나를 들고 왔다. 그러자 유방은 중원으로 들어가는 다리를 끊어 놓았으니 그게 문제라고 걱정스럽게 말했다.

"바로 그 점을 이용하는 겁니다. 우선 사병들을 보내 불타 없어진 다리를 다시 놓는 척하는 겁니다. 그다음에는……."

한신은 유방에게 다음 계책을 나직하게 말했다. 한신의 말이 끝나자 유방은 즉시 계획대로 실행할 것을 명령했다. 그리고 그날 오후부터 적막한 관중 땅 부근에서는 돌을 깨고 나무를 켜는 소리가 밤낮으로 끊이지 않았다. 장한이 이를 보자 항우에게 소식을 전했다. 그러자 항우는 군대를 관중에 급파해 유방이 중원으로 들어오는 길을 막게 했다.

이 무렵 유방의 주력부대는 관중의 다리와는 좀 떨어진 산길을 따라 고개를 넘고 있었다. 구불구불하고 좁은 길을 타고 관중과 아주 가까운 진창陳倉이라는 곳을 지나고 있는 중이었다. 결국 유방의 군대는 장한이 이끄는 군대의 뒷덜미를 치기에 이르렀다. 장한은 유방군이 산길로 진군할 줄로만 알고 진지를 구축했는데 알고 보니 진창으로 우회하여 쳐들어왔던 것이다.

장한은 매우 놀라 황급히 군사를 이끌고 도망쳤다. 그 후 유방은 빠른 속도로 관중 땅을 점령해 나갔다. 관중의 백성들은 거리로 쏟아져 나와 유방의 개선을 반갑게 맞이했다. 이로써 유방은 항우와 맞설 중원 쟁탈전의 근거지를 갖게 되었던 것이다.

水因地而制流 兵因敵而制勝

水之形避高而趨下 兵之形避實而擊虛

夫兵形象水

호랑이도 산을 벗어나면 고양이

군대의 형세는 물과 같으니, 물이 형세가 높은 지대를 피하여 낮은 곳으로 흘러가듯 군대의 형세도 적의 견실한 곳을 피하고 적의 허술한 곳을 공격해야 한다. 물은 땅으로 말미암아 그 흐름을 제어하고, 군대는 적의 상황에 따라 승리하는 방법을 제어하여 변화를 꾀해야 한다.

《역경易經》에 보면 정비된 적을 공격하는 것이 곤란할 때는 먼저 피하고 적을 곤경에 빠뜨리는 방법을 강구한 후 소멸시키면 된다는 말이 적혀 있다.

후양왕後梁王의 사령관인 왕경인王景仁은 7만 보병을 이끌고 하북

123

성河北省 융양隆陽의 북쪽 해안을 점거하고 진晉나라를 칠 준비를 하고 있었다. 그들의 깃발은 하늘을 가리고 칼날은 햇빛을 받아 번쩍여 그 위풍이 대단했다.

진왕晉王과 노장 주덕위周德威는 1만도 안 되는 기병을 이끌고 강의 남쪽 해안에 주둔해 있었다. 진왕은 젊고 기백이 왕성하여 일당백의 정신으로 싸우면 승리할 것이라며 강을 건너 공격하려 하자 주덕위가 반대하며 나섰다.

"공격을 보류하십시오. 폐하, 양나라 군사가 노쇠했다고는 하나 그것은 바꿔 말하면 노련하다는 것입니다. 또 우리보다 전쟁 경험이 풍부한 장군들이 많고 우세한 무기와 많은 양식을 가지고 있습니다. 그들은 모두 수비에 강한 보병이고 우리 아군은 기병의 숫자가 많으니 평지와 들판에서 싸우는 것이 유리합니다. 지금처럼 강

을 사이에 두고 대치한 지형에서는 우리 군대가 힘을 발휘하기 어렵습니다."

진왕은 주덕위의 말이 옳다고 여기고 그에게 군대를 주어 지휘하게 했다. 그러자 주덕위는 군대를 이끌고 지형이 평평하고 넓게 트인 고읍高邑 부근으로 갔다. 그런 후 3백 기병을 강 맞은편에 배치시켜 양나라 군사들에게 화를 돋운 후 강을 건너오게 만들고 자신은 3천 군마를 거느리고 진지 뒤에 숨어 때를 기다리고 있었다.

양나라의 대장 왕경인은 진나라 군이 부아를 돋우자 예상대로 벌컥 노하여 전군에 출동 명령을 내렸다. 그는 몸소 수만 인마를 이끌고 배를 이어 다리를 만들고는 강을 건넜다. 그러자 주덕위는 기다렸다는 듯이 기병들을 이끌고 후퇴하는 척하며 고읍 남쪽의 일망무제한 평지로 유인했다. 쫓고 쫓기며 유인을 계속하다가 드디어 넓은 평지의 한복판에 이르자 갑자기 주덕위가 말머리를 돌려 공격을 시작했다. 그러자 미리 매복해 있던 군사들도 일제히 사방에서 몰려나와 싸움에 가담했다. 왕견인은 그제야 지형이 불리하다는 것을 알고 급히 추격을 멈췄으나 군대를 추스를 틈도 없이 병사들은 뿔뿔이 흩어지고 말았다.

결국 양나라 군대는 숫자가 훨씬 많으면서도 적은 숫자의 진나라 병사들에게 무참히 당하고 말았다. 진나라 주덕위 장군은 싸움을 승리로 이끈 뒤 이렇게 말했다.

"맹호가 아무리 강해도 깊은 산을 벗어나면 힘을 못 쓰는 법이니, 결국 우리가 승리한 것이다."

맹호는 결국 자기에게 유리한 곳으로 적을 유인해낸 다음 그의 허점을 노려 공략한 끝에 승리했다.

잠시 남의 명성을 빌려 얻은 승리

故兵無常勢 水無常形
고병무상세 수무상형

能因敵變化而取勝者 謂之神
능인적변화이취승자 위지신

그러므로 군대의 형세에는 일정한 형세가 없고 물의 흐름에는 항상 일정한 형상이 없는 것이다. 그리하여 적이 변화하는 원인에 따라 나를 변화시켜 승리를 쟁취하는 것을 이른바 '귀신 같은 군대'라고 하는 것이다.

진시황秦始皇이 죽고 그의 막내아들 호해胡亥가 즉위하였으나 백성들을 더욱 잔혹하게 대했다. 더구나 기원전 209년 7월에는 9백여 명의 궁핍한 백성들이 변방으로 징발되어 갔다. 징발군에 끼어 있던 진승陳勝과 오광吳廣은 궁리 끝에 앉아서 죽음을 기다리느니 차라리 반기를 들기로 했다. 실패해 죽더라도 그게 더 낫다고 생각한 것이었다. 그리하여 그들은 은밀히 반란에 동참할 의병 세력을 모은 뒤 그들 앞에서 이렇게 말했다.

"우리는 가만히 앉아서 죽을 날만 기다릴 순 없습니다. 우리 이웃 나라인 초楚나라 장군 항연項燕은 나라를 잘 다스려 농민들에게 존경받고 있습니다. 우리는 지금부터 항연 장군의 뜻을 받들어 이 나라를 구하고자 합니다. 우리를 따르시오, 여러분."

그러자 많은 사람들이 진승과 오광의 뜻에 동참하기로 했다.

어느 날의 의병 봉기에 동참한 한 병사가 물고기의 배를 갈라 씻으려 할 때 난데없이 비단 조각이 나왔다. 그런데 비단 조각 위에는 붉은 글씨로 '진승왕陳勝王'이라는 세 글자가 쓰여 있었다. 그는 놀라 다른 병사들에게 그 사실을 알렸다. 이 사건이 알려지자 의병들은 하나같이 하늘의 뜻이라며 더욱 결의를 다졌다.

또 어느 깊은 밤인가에는 주둔지 옆의 사당에서 여우 울음소리가 들렸다. 그런데 그 소리는 마치 '초나라가 일어나려면 진승이 왕이 되어야 한다'는 소리로 들렸다. 이때부터 의병들은 진승을 더욱 받들게 되었다.

하지만 여기에는 약간의 음모가 있었다. 진승과 오광이 미리 물고기의 배에 비단 조각을 넣어둔 것이었다. 하지만 그들은 좋은 뜻에서 잠시 술수를 부린 것이니 하늘도 이해할 것이라고 믿었다. 반란의 기회를 엿보고 있던 진승과 오광은 마침내 기회를 잡게 되었다. 징발군의 총대장인 장위將尉가 술에 몹시 취하자 오광이 불쑥 나서서 큰 소리로 "나는 지금 탈영을 하려 한다"고 외친 것이었다.

그러자 장위는 취중에 칼을 빼 들고 오광을 겨누었다. 바로 이때 오광이 번개처럼 칼을 휘둘러 장위의 목을 베었다. 그것을 신호로 의병에 붙은 병사들이 분연히 일어나 달려드는 관군들을 베었다.

그 후 의병들은 날로 강성해져 며칠 안에 여러 곳의 성곽을 얻었다. 진승은 임금으로 추대되어 호를 장초張楚라고 했는데 초나라를 확장시킨다는 뜻이었다. 그리고 의병군은 지역을 함락할 때마다 창고를 열어 백성들에게 골고루 양식을 나누어 주었다.

진승와 오광은 학대받는 백성들을 구하러 분연히 일어나면서 잠시 거짓 계략을 꾸미기도 했지만 그것은 큰일을 이루기 위해 잠시 남의 이름과 명성을 빌려온 것이므로 허물이 될 수 없는 것이었다. 대의를 이루기 위해 그럴듯한 명목을 내걸어 놓음으로써 대중들에게 환심을 얻고 종국에는 처음에 뜻했던 목적을 이루었던 그들은 과연 귀신같은 군대라 할 수 있을 것이다.

軍爭 군쟁

유리한 곳을 먼저 점하라

# 입술이 무너지면 이빨도 무너진다

군대의 경쟁이 어려운 것은 우회하면서 직진하는 효과를 만들어야 하고, 나의 환란을 이득으로 바꾸어야 하기 때문이다. 그러므로 길을 돌아감으로써 얻는 이득을 가지고 적을 유인해야 한다. 적보다 나중에 출발해도 유리한 곳을 먼저 선점할 수 있다면 계책을 제대로 아는 사람이라고 할 수 있다.

춘추전국 시대 때 진晉나라는 나날이 그 힘을 키워가고 있었다. 중원을 정복하려는 과정에서 진나라는 인접 국가인 우나라와 괵나라를 정복해야 했다.

기원전 658년 어느 봄날, 진나라 왕 진헌공晉獻公이 눈썹을 찌푸리며 지도를 바라보고 있었다.

"우나라와 괵나라가 내 눈에는 가시처럼 보이는구나."

그러자 대부大夫 순식荀息이 나서서 말했다.

"둘 중에 한 나라는 우리 편으로 만들고 다른 한 나라는 적으로 만들면 둘 다 우리 손에 넣을 수 있습니다."

진헌공이 자세히 계획을 말해보라고 이르자 순식이 말을 이었다.

"일단 괵나라를 우리 손에 넣게 되면 우나라는 혼자 버티기 힘들 것입니다. 그러니 먼저 우나라에 명마와 보석을 선물하십시오. 그러면 우나라는 순순히 괵으로 가는 길을 내줄 것입니다."

진헌공은 좋은 생각이라고 칭찬한 뒤 순식을 주축으로 하는 사절단을 우나라로 보냈다. 우나라에 도착한 순식은 우나라 왕을 만나 온갖 미사여구를 써가며 그를 치켜세웠다. 그리고 괵나라가 지금 암암리에 우나라와 진나라를 비방하고 있다며 신랄하게 비판했다.

그런 후 순식은 우왕에게 준마와 아름다운 옥을 선사하며 간사한 괵나라를 치고자 하니 잠시 길을 내줄 것을 요청했다. 그러자 우왕은 선물에 눈이 멀어 흔쾌히 그러겠노라고 약속을 했다. 순식이 물러가자 우나라의 대신 궁자기宮子奇가 나서서 간언했다.

"폐하, 순망치한脣亡齒寒이라는 말이 있듯이 입술이 무너지면 이빨도 무너지게 됩니다. 만일 괵나라가 망하면 우리 우나라도 위험하게 됩니다. 따라서 진나라에게 길을 내주면 안 됩니다. 제발 이 문제를 신중하게 생각하소서."

하지만 우왕은 궁자기의 간언을 무시했다.

그해 여름 진나라 장수 이극里克은 부대를 이끌고 괵나라 정벌에 나섰다. 그때 우나라가 내준 길을 통해 들어간 진나라 병사들은 기습 공격을 감행했고 괵나라의 전략 요충지인 하양下陽을 손에 넣었다. 그리고 3년 후 진나라는 다시 한번 우나라에 길을 내달라고 당부했다. 그러자 우왕은 기다렸다는 듯이 승낙했다. 이 소식을 들은 궁자기는 통곡을 하며 말렸으나 우왕은 이번에도 듣지 않았다.

그해 12월 마침내 진나라 군대는 괵나라를 속국屬國으로 만들었고 돌아오는 길에 우나라에 머물러 휴식을 취하고 있었다. 이때 우왕은 진나라 병사들에게 술과 고기로 연회를 베풀어 주었다. 그러나 연회가 끝나갈 무렵 동맹국인 줄로만 알았던 진나라가 갑자기 태도를 바꿨다. 일단의 병사들이 우왕의 처소로 들이닥친 것이었다.

"우왕은 포박을 받으시오."

"무슨 일인가! 동맹국의 군주를 포박하다니?"

하지만 우나라는 이미 진나라의 동맹국이 아니었다. 졸지에 진나라의 볼모로 잡혀가게 된 우왕이 입술을 깨물며 이렇게 후회했다.

"아, 일찍이 궁자기의 충언을 귀담아들었어야 했구나……."

## 상벌은 공정하게 행하라

掠鄉分衆 廓地分利 懸權而動 先知迂直之計者勝 此軍爭之法也

약향분중 확지분리 현권이동 선지우직지계자승 차군쟁지법야

적에게서 약탈한 노획물은 병사에게 분배해주고, 점령 지역을 확대하여 그 이득을 나누어주되 이득은 저울질하여 공평하게 나누어 주어야 한다. 그리하여 우회와 직진의 장단점을 아는 자는 승리할 것이니 이것이 전쟁의 방법이다.

전국 시대 때 진시황의 전략가였던 위료자는 군대에서의 군제軍制는 엄하게 해야 하고 상벌賞罰은 공정하게 시행해야 한다고 말했다. 그는 병사들이 전쟁에 나가 목숨을 걸고 싸우는 것은 결코 죽음을 즐기고 삶을 싫어하기 때문이 아니라고 했다.

그것은 장수의 명령에 위엄이 있고 군의 법제가 엄하여 적진을

향해 뛰어 들어가지 않을 수 없도록 되어 있기 때문이라는 것이 그의 생각이다. 그는 이러한 사례로써 사람이 죽을 각오를 하고 덤벼드는 경우를 들었다. 가령 어떤 사람이 칼을 빼어 들고 복잡한 시장으로 뛰어 들어가 칼부림을 하고 있다고 치자. 만약 이런 상황이라면 그 누구도 피하지 않을 자가 없을 것이다. 그런 상황에서 칼을 든 자는 용감하고 피하는 자는 모두 용감하지 않다고 말할 수는 없는 일이며 그것은 단지 칼을 든 자는 죽을 결심을 한 반면에 피하는 사람들은 그저 살고자 하는 생각밖에 없을 뿐이라고 말했다. 즉, 본래의 마음가짐이 달라서 그런 것뿐이라는 말이다. 따라서 군대의 규율도 법제를 엄하게 하여 병사들의 마음을 휘어잡을 수 있어야 한다는 말이다.

거기에다 상벌을 분명히 하여 병사들로 하여금 서로 다투어 공로를 세우도록 사기를 진작시켜 주면 반드시 승리를 거두게 될 것이라고 했다.

주周나라 군제軍制에 의하면 백 명을 하나의 졸卒로 하여 거기에 졸장卒長을 두고 천 명의 병사당 한 사람의 사마司馬를 두며 만 명의 병사당 한 사람의 장수를 두었다. 이렇게 한 뒤 만일 부하 병사들이 군법을 어기면 숫자상으로도 적고 반드시 강한 체력을 가졌다고 볼 수 없는 사마나 장수일지라도 백 명, 천 명, 만 명에 이르는 다수의 건장한 병사들을 엄하게 꾸짖을 수 있도록 제도를 만들었다. 이 것이 바로 법제法制의 요령이라고 그는 강조했다. 또한 그는 잘못을 범한 자를 처벌할 경우에는 비록 아버지가 심판관이라도 그 자식을 용서할 수 없는 것이고, 자식이라도 아버지를 용서할 수 없는 법이라면서 하물며 심판관이 일반 백성들에게 잘못을 다스릴 때에야 더 말할 나위가 없는 것 아니겠느냐고 되묻고 있다.

승리의 최대 요건은 화합

凡用兵之法將受命於君
범용병지법 장수명어군

合軍聚衆交和而舍莫難於軍爭
합군취중 교화이사 막난어군쟁

군대를 운용하는 방법은 군주로부터 출격 명령을 받으면 장군이 군대를 집합시키고 군사들을 모아서 서로 화합시켜 군영의 막사에 머물며 적과 대치해야 한다. 적보다 유리한 위치를 얻기 위해 경쟁하는 것보다 어려운 것은 없을 것이다.

중국의 병법서 중에 하나인 《사마법司馬法》의 저자는 중국 고대 진陳나라의 사마양저인데 그의 원래 이름은 전양저로, 전쟁에서 큰 공을 세워 사마司馬라는 벼슬에 오른 뒤부터 그를 사마양저라고 불러왔다. 사마양저가 역대 제왕의 뛰어난 군대 운용법과 상벌에 대해 이런 말을 했다.

138

옛날 임금들은 전쟁이 일어나면 백성들의 힘을 한곳으로 모으는 데 노력하였다. 순舜임금은 백성들에게 일치단결하여 국난을 극복하지 않으면 안 된다고 경고했다. 이것은 국민으로 하여금 그 명령에 따르도록 하기 위함이었다.

하夏나라 우禹임금은 군사를 일으켜 출병할 때에는 휘하의 병사들에게 전쟁에서의 승리를 위해 총궐기할 것을 다짐하도록 했다. 이것은 그들로 하여금 우선 각자 잘 생각하여 스스로 적과 대결하도록 하기 위함이었다.

은殷나라 탕왕湯王은 군영軍營의 문밖에서 병사들에게 승리를 위해 목숨을 걸고 싸울 것을 다짐하도록 했다. 이것은 병사들로 하여금 우선 전투에 나서기 전에 전투 의욕을 갖게 하기 위함이었다.

주周나라 무왕武王은 출병하여 공격을 시작하기 직전에 병사들에게 목숨을 걸고 싸울 것을 다짐시켰는데 이것은 병사들로 하여금 나라를 위해 목숨을 던질 것을 원했기 때문이다. 또한 옛날의 임금들은 잔인한 싸움을 피했다.

하나라 우왕은 덕德을 바로 세우고 부덕不德을 공박하는 반면에 무기의 사용을 삼가도록 했다. 그리하여 사용하는 무기는 단지 검과 창정도였으며 복잡한 운제雲梯나 병거兵車 같은 무기를 보유하지 않았다. 은나라 탕왕은 오직 불의不義를 치기 위해 무기를 들고 싸웠다.

주나라 무왕은 힘에 의존하여 불의를 쳤기 때문에 여러 가지 무기를 사용하게 되었던 것이다. 또한 옛날의 왕들은 상벌을 중히 여겼다. 하나라 때에는 공을 세운 자들을 모두 궁중에서 시상했는데 이는 선행을 귀하게 여겼기 때문이다.

은나라 때에는 큰 죄를 지은 자를 여러 사람들이 모이는 시장 같은 곳에서 사형시켰다. 이것은 악을 범해 사회질서를 문란케 하는 자에게 경고하기 위해서였다.

주나라 때에는 하나라와 은나라의 상벌을 함께 적용했다. 즉, 공로가 있는 자는 조정으로 불러 상을 주는 한편 큰 죄인은 시장에서 목을 베었다. 이것은 사람들에게 덕을 권장하고 악을 행하는 자를 두렵게 만들기 위함이었다.

이처럼 하·은·주 3대 제왕은 상벌을 다루는 방법은 달랐지만 덕으로써 백성을 사랑하는 마음은 한결같았다.

# 송나라 양왕의 쓸데없는 인자함

故善用兵者 避其銳氣 擊其惰歸 此治氣者也

以治待亂 以靜待譁 此治心者也

용병을 잘하는 자는 예리한 기세를 가진 적병을 피하고 느슨해져서 돌아갈 생각만 하는 적을 공격한다. 이것이 마음을 다스리는 것이다. 정비가 잘된 군대를 가지고 혼란한 군대에 대적하고, 정숙한 군대를 가지고 화급한 적병과 대적한다면 이것이 바로 심리전을 잘하는 것이다.

춘추 시대 송宋나라 환공桓公이 세상을 떠난 뒤 양공襄公은 패권의 야심을 품기 시작했다. 그는 우선 제후들 간에 후계 다툼이 치열한 제齊나라로 쳐들어가 굴복시키고 4년 후에는 송宋, 제齊, 초楚 세 나라의 맹주盟主가 되었다.

그 이듬해 양공은 자기를 무시하고 초나라와 내통한 정鄭나라를 쳤다. 그러자 몇 달 후 초나라는 정나라를 구원하기 위해 대군을 파병했다. 양공은 초나라 군사를 맞아 싸울 준비를 하고 있었으나 적군이 강을 건너오려는 데도 공격하지 않았다. 그때 재상 공자목이 公子目夷가 보다 못해 이렇게 간했다.

"적군의 수는 많고 우리는 적으니 적이 강을 다 건너와 전열을 가다듬기 전에 공격해야 합니다. 그렇게 하면 우리가 승리할 수 있습니다."

그러나 양공은 목이의 말을 듣지 않고 이렇게 말했다.

"남의 약점을 노려 공격하는 것은 군자가 취할 도리가 아니오. 정정당당하게 싸우는 것이 진정한 패자의 모습이오."

강을 건너온 초나라 군사들은 미처 군대의 진용을 갖추지 못한 채 바쁘게 움직이고 있었다. 이때 공자목이가 다시 한번 간했다.

"아직 적이 진용을 가다듬지 못했으니 지금 곧바로 진격해야 합니다. 지금이라도 늦지 않았으니 어서 진격 명령을 내리십시오."

그러나 양공은 이번에도 공자목이의 말을 듣지 않고 군자의 도리만 뇌었다.

"군자는 다친 자를 다시 다치게 하지 않으며 늙은이를 사로잡지 않는 법이다. 그러므로 미처 정렬하지 못한 군대를 향해 북을 울리지는 않겠다."

그러는 사이에 초나라 군대는 전열을 가다듬었다. 그제야 공격 명령을 내린 양공은 참패했고, 자신도 허벅지에 화살을 맞는 부상을 입었다가 결국 허벅지에 입은 부상이 악화돼 이듬해 사망했다.

세상 사람들은 이것을 보고 '송나라 양왕의 쓸데없는 인자함'이라고 비웃었다. '송양지인宋襄之仁'이라는 말은 여기서 비롯된 것이다.

# 힘을 다스린다는 의미

당태종 이세민이 이정에게 이렇게 물었다.

"손자孫子가 말한 힘을 다스린다는 말은 무슨 뜻이오?"

이정이 대답하였다.

"아군은 가까운 데서 멀리서 오는 적을 기다리며, 아군은 편안하게 하고 적이 피로해지기를 기다리며, 아군은 배불리 먹으면서 적이 굶주리기를 기다린다는 손자의 말은 힘을 다스리는 법에 대해 대강을 말한 것입니다. 용병에 뛰어난 자는 이 세 가지의 의미를 확대시켜 다음의 여섯 가지 방법으로 발전시킵니다. 첫째는 아군이

144

적을 유인하여 적이 다가오도록 기다린다는 것입니다. 둘째는 아군은 안정을 취하면서 적이 소란해지기를 기다린다는 것입니다. 셋째는 아군의 병사들은 움직임을 신중하게 하면서 적이 경솔하게 행동하기를 기다린다는 것입니다. 넷째는 아군은 방어를 엄중히 하면서 적의 수비가 허술해지기를 기다린다는 것입니다. 다섯째는 아군은 부대를 잘 통솔하면서 적이 문란해지기를 기다린다는 것입니다. 여섯째, 아군은 방어를 튼튼히 하면서 적이 공격해 오기를 기다린다는 것입니다. 만약 이렇게 하지 않는다면 아군의 전투력을 효과적으로 다스릴 수가 없게 됩니다. 모름지기 힘을 다스리는 전법을 쓰지 않고 어찌 적과 싸워 승리할 수 있겠습니까?"

이정의 대답을 다 듣고 태종이 말했다.

"오늘날 손자의 병법을 배우는 자들은 공연히 글이나 소리 내어 읽을 줄만 알았지, 그 속에 담긴 참된 의미를 실전에 적용시키는 자는 많지 않구려. 그대가 여러 장수들에게 힘을 다스리는 법에 대해 널리 알려주도록 하시오."

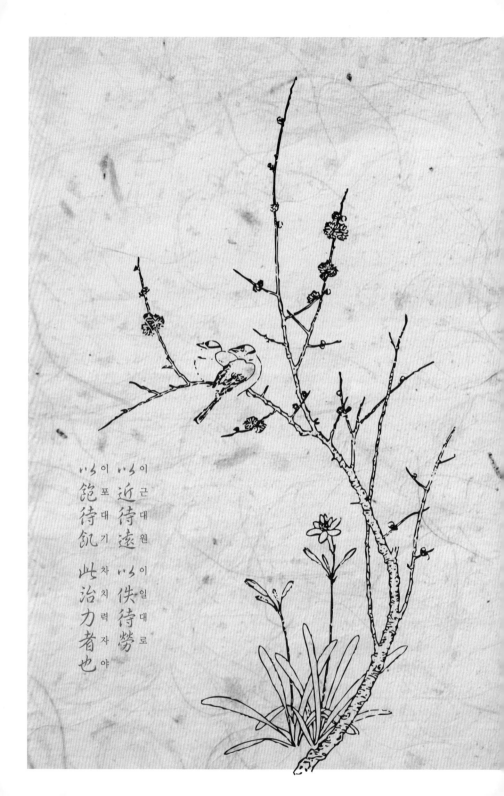

以飽待飢　此治力者也　이포대기차치력자야

以近待遠　以佚待勞　이근대원이일대로

가까이 움직임으로써 적이 멀리 움직이기를 기다리고 편안히 지냄으로써
수고롭기를 기다리고, 배부르게 지내면서 굶주림을 기다려야 한다.
이것이 힘을 다스리는 것이다.

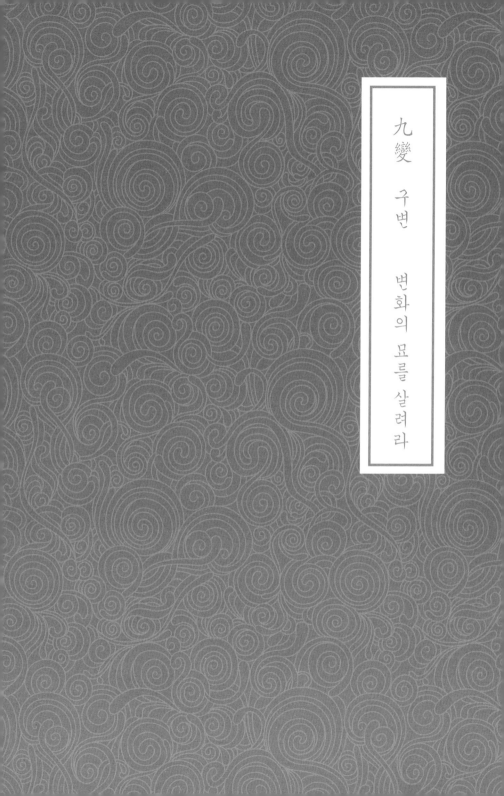

九變　구변

변화의 묘를 살려라

# 먼 나라와 외교를 맺고 가까운 적을 쳐라

凡用兵之法 將受命於君 合軍聚衆 圮地無舍 衢地合交 絕地無留 圍地則謀 死地則戰

군대의 운용법은, 우선 장군이 군주의 명령을 받아 군대를 만들기 위해 병사를 모집한 다음 군대의 막사는 무너지지 않는 지형에 설치하고, 사방이 트인 곳에서 외교관계를 잘 맺어 둔다. 황무지에서는 오래 머물지 말고 포위될 만한 지형에서는 어떻게 빠져나갈지를 미리 계획해 두어야 한다. 사지에서는 죽을 결심을 하고 전투에 임해야 한다.

 형세가 아군에게 불리한 상황에 놓여 있을 때 최상의 해결책은 가까운 적부터 공격하여 손아귀에 넣는 것이다. 멀리 있는 적을 침공하기 위해 가까운 적의 영토를 지나쳐 갈 생각을 하면 안 된다.

 진秦나라의 왕 영정은 등극 후 정부를 새롭게 개편했다. 그 첫 번째 본보기로 자신의 등극을 반대한 여불위呂不韋 등을 숙청하고 위료, 이사, 한비, 왕전, 이신 등을 문관과 무관으로 등용했다. 진왕은 이를 토대로 육국六國의 통일을 꾀하려 했다.

어느 날 진왕은 전술회의를 열었다. 여러 문·무관이 저마다 훌륭한 의견을 내놓았는데 그중에서도 이사와 위료는 다른 여섯 나라의 동맹 관계를 끊기 위해서 먼 곳에 있는 나라들과 친교관계를 가져 가까운 나라를 쳐야 한다고 말했다. 이에 대해 진왕은 매우 만족스러워하며 먼저 먼 나라인 제齊나라와 초楚나라의 재상들에게 친교를 위해 금은보화를 보냈다. 그리고 인접국을 침공하기 위한 준비를 시작했다.

진나라는 먼저 인접해 있는 6개의 독립 국가 중에서도 가장 작으며 군사력도 약하기 짝이 없는 한韓나라부터 치기로 했다. 기원전 231년에 진나라 군사들은 한나라를 침공하여 단숨에 수도를 점령하고 한왕을 사로잡았다. 그리고 몇 년 뒤 역시 인근 국가인 조趙나라가 극심한 가뭄에 시달리고 있는 틈을 타 노장 왕전에게 군사를 주어 조나라 수도 한단邯鄲을 공격해 조왕을 생포했다. 그러자 진왕은 그 여세를 몰아 이웃한 연나라까지 점령하라고 왕전에게 명령을 내렸다. 기원전 226년 마침내 진나라 군사들은 연燕나라 수도를 정복하고 연나라 왕과 태자를 요동으로 몰아내는 데 성공했다. 또한 그 이듬해에는 왕분王賁 장군을 앞세워 위魏나라의 수도를 포위했다. 황하에서부터 수로를 파내어 급류를 인도하고 이로 인해 위나라 수도를 둘러싼 성벽을 파괴했다. 전혀 손을 쓸 수 없을 만큼 무기력해진 위왕은 결국 진나라에 굴복할 수밖에 없었다.

한韓·조趙·연燕·위魏 네 나라를 점령한 조왕은 파죽지세로 초나라의 국경까지 쳐들어갔다. 초나라 군대는 저항을 했으나 이미 사기가 오른 진나라 군대의 막강한 힘을 막아내기에는 역부족이었다.

이제 진왕은 가장 강한 제나라만 정복하면 통일의 꿈을 이룰 수 있었다. 마침내 진왕은 어마어마한 병력을 연나라 남부로 보내 허술한 방비태세를 갖춘 제나라의 북쪽 국경으로 행진하게 했다. 그 위엄에 눌린 제나라 왕은 은근히 겁을 먹고 있었다. 그때 진왕은 제나라 왕에게 항복하는 조건으로 나라의 한 구역을 주겠다고 제안했다. 협박에 눌린 한편 땅에 대한 유혹에 이끌린 제나라 왕은 결국 진나라에 무릎을 꿇었다. 이로써 제나라마저 진나라의 시녀국으로 흡수되고 말았다.

기원전 221년 진나라는 마침내 주변 6국을 점령하는 데 성공했고 이를 기리는 큰 잔치를 벌였다. 이 자리에서 진왕은 위료와 이사의 두 손을 잡고 이렇게 말했다.

"우리가 천하를 통일할 수 있었던 것은 두 문관이 조언해준 외교 전략 때문이었소."

그 외교 전략은 바로 먼 나라와는 친교관계를 맺고 가까운 나라를 공격하는 것이었다.

끓는 물을 식히려면 장작을 빼라

故將有五危 고장유오위
必死可殺也 필사가살야　必生可虜也 필생가로야
忿速可侮也 분속가모야　廉潔可辱也 염결가욕야　愛民可煩也 애민가번야

장수에게는 빠지기 쉬운 다섯 가지 위험한 일이 있다. 첫째, 혈기만 내세워 죽음을 각오하고 싸우게 되면 적에게 살해당하고 만다. 둘째, 비겁한 생각을 품은 채 살고자 버둥대면 적의 포로가 되기 십상이다. 셋째, 성급하여 화를 잘 내면 적의 술수에 빠지기 쉽다. 넷째, 지나치게 청렴결백하면 적에게 도발의 기회를 줄 수가 있다. 다섯째, 인정에 끌려 병사를 사랑하는 마음이 지나치면 적이 백성들을 괴롭히는 술수를 부려 장수가 번뇌에 빠지게 된다.

백전백승의 노련한 적군과 직접 힘으로 승부를 가리려 하는 것보다는 상대의 전투역량을 약화시키고 기세를 누그러뜨릴 수 있는 근본적인 방안을 모색하는 것이 낫다. 즉, 화기애애함을 보여 딱딱함에 적응하면서 적의 가장 약한 곳을 찾아내 공략하라는 말이다.

서기 887년 당唐나라 때에 있었던 일이다. 그동안 극렬하게 논의되었던 양자강과 회淮강 사이의 토지를 두고 양행밀楊行密과 손유孫儒는 서로 의견이 맞서게 되었다.

양행밀은 병력을 동원하여 양자강 남부지방의 소주蘇州, 상주常州, 윤주潤州, 저주滁州 등의 시가지를 점령했다. 그는 시가지 높은 곳에 '양楊'자가 새겨진 깃발을 꽂아두고 자신이 승자임을 공공연하게 과시했다.

한편 광릉에 상주한 손유는 자신의 진지가 나날이 줄어드는 걸 근심스러워하고 있었다. 거기다가 엎친 데 덮친 격으로 식량이 바닥난 상태였고 군사들의 사기는 땅에 떨어진 지 오래였다. 화도 나고 불안하기도 했던 그는 50만 대군을 정비하여 양자강을 건너 양행밀의 군대가 포진하고 있는 선주를 향해 거세게 진격해 들어갔다.

양행밀의 병력은 여러 도시에 분산되어 있었기 때문에 윤주와 상주 두 도시가 순식간에 점령되었고 손유는 이 승리에 용기백배하여 선주로 쳐들어가 도시를 지키고 있던 5만여 병력을 포위하기에 이르렀다. 그러자 비상전략회의에 나선 양행밀은 참모들의 사기가 땅에 떨어진 것을 보면서 의기소침하게 말했다.

"손유의 군사력은 우리의 열 배나 된다. 도시를 버리고 훗날을 생각하여 후퇴하는 것 외에는 다른 방도가 없어 보인다."

이때 유위劉威 대장군이 큰 소리로 이의를 제기하며 나섰다.

"아니 될 말씀이옵니다. 적들의 사기는 뚝배기에 끓인 물과 같습니다. 만약 우리가 후퇴를 한다면 그 끓는 물을 스스로 덮어쓰는 꼴이 되고 맙니다. 지금 우리의 당면과제는 그 끓는 물을 더 이상 끓지 않게 해야 한다는 것입니다. 그렇게 해야만 오늘의 패배를 내일의 승리로 전환시킬 수 있습니다."

그러자 양행밀이 진지한 표정으로 물었다.

"그렇다면 끓는 물을 끓지 않게 하는 묘안이라도 있는가?"

유위가 대답했다.

"그렇게 하려면 두 가지 방법이 있습니다. 찬물을 부어 끓는 물을 식힐 수도 있지요. 그러나 그것은 물을 더 붓는 격이므로 근본적으로 해결되는 일이 아닙니다. 솥 밑에서 타고 있는 장작을 꺼내야 근본적인 문제가 해결됩니다. 군사들의 식량과 사기가 바로 그 타고 있는 장작입니다."

양행밀은 유위 대장군의 제안을 받아들여 구체적으로 실행에 옮기기 시작했다. 양행밀은 각 지방에 다음과 같은 공고문을 붙였다.

'과거에 손유의 휘하에 있었으나 지금은 내게 충성을 맹세했던 장수들과 병사, 평민들은 지금 즉시 관할 포도청에 연락하라. 그러면 각자의 원래 고향인 회남淮南 땅으로 돌려보내줄 것이다.'

그러자 신청자들이 줄을 이었고 양행밀은 약속대로 그들에게 충분한 노잣돈과 자유를 주었다. 이 소문을 들은 손유의 장수들과 병사들은 웅성거리기 시작했다. 어떤 병사는 그런 대우를 받을 수 없는 것에 한숨을 쉬었고, 또 어떤 장수는 무기를 버린 채 무리들을 이끌고 컴컴한 밤을 틈타 달아나기도 했다. 양행밀은 예상대로 적이 동요하자 적의 식량보급로를 차단했다. 그리하여 얼마 뒤 손유의 군대는 식량도 다 떨어지게 되었고, 식량보급로 또한 끊기게 되어 오도 가도 못하는 상황을 맞이하게 되었다.

이윽고 손유의 진지는 통곡과 울음소리로 휩싸였다. 식량을 충분히 배급받지 못한 병사들은 점점 야위어갔고, 설상가상으로 무서운 열병이 퍼져 장수들과 병사들은 그나마 유지했던 건강마저 잃어 숨소리도 거칠어졌다. 그들은 얇은 껍질만 남은 군대가 되었다.

서기 892년 6월 결국 싸움에서 패한 손유는 침상에서 신음하다가 세상을 떠났다. 그가 숨을 거두기 전 마지막으로 이런 말을 남겼다.

"끓는 물을 식히기 위해 장작을 없앨 생각을 했다니 얼마나 기상천외한 전술이었던가!"

# 동쪽에서 소리 내고 서쪽을 쳐라

만약 적이 갑자기 무질서해지고 무방비한 상태에 있는 것을 발견했다면 어떻게 해야 하는가! 그때는 적이 방심한 틈을 타서, 마치 둑이 터지면서 흐르는 거센 물과 같이 일시에 공격을 가해 그들을 섬멸시켜야 할 것이다. 즉, 적의 방심을 유도하는 전술을 써야 한다는 말이다.

한漢나라는 경제景帝 시대에 이르러서 반란군의 침입을 맞이하게 되었다. 오吳, 초楚 등 일곱 나라의 제후들이 연합하여 군사를 모아 반란을 일으켰다.

경제는 위기에 처하자 선왕인 문제文帝 때에 대장군을 맡았던 원로 주아부周亞夫에게 모든 희망을 걸었다. 경제는 주아부 장군을 불러들여 서른여섯 명의 장수로 편성된 본진을 지휘하도록 했다.

주아부는 전황에 대한 소견을 이렇게 말했다.

"오나라의 반란군들은 매우 훈련이 잘되어 있고 사기가 높습니다. 따라서 정면공격으로는 성공하기 어렵습니다. 승리를 위한 유일한 희망은 적이 예측하지 못하는 계략을 세우는 것뿐입니다."

주아부가 출정을 하려고 나설 때 오나라의 공격을 받은 양梁나라에서 원군을 요청했다. 그러나 주아부는 양왕의 원군 요청을 무시하고 군대를 창읍昌邑으로 이끌고 들어가 그곳을 견고하게 지켰다. 왜냐하면 얼마 전에 주아부는 오나라 군대의 퇴로를 차단하고 군량미 수송로를 끊기 위해 약간의 기병을 파병했기 때문에 군량미가 부족한 오나라 군대가 양나라에 집중적인 공격을 가할 수가 없으므로 할 수 없이 주아부의 군대를 공격할 수밖에 없다는 사실을 알고 있었던 것이다.

결국 군량미가 부족해진 오나라는 속전속결로 전쟁을 끝내려고 했으나 주아부는 군사들에게 진지만 지키게 할 뿐 함부로 공격하지 말라고 엄하게 명령했다. 얼마 지나지 않아 오나라 군대의 군량미 공급이 차단되었고, 그로 인해 사기가 땅에 떨어졌다. 전투를 위해 필요한 최소한의 식량도 구하기 어려울 정도였다. 그런 상황에서 오나라 군 일부가 주아부 군대가 주둔해 있는 창읍의 동쪽으로 공격했다. 그래도 주아부는 그것이 위장공격이라는 것을 알고 있었기 때문에 꿈쩍하지 않고 창읍을 지켰다. 주아부는 그저 약간의 군사만을 보내 공격을 막으라고 명령한 후 주력부대는 서쪽에 배치해 적을 기다리도록 했다.

그러자 과연 주아부의 예상대로 오나라의 주력군대는 동쪽을 공격하는 척하면서 서쪽으로 공격을 감행했다. 하지만 주아부의 군대는 이미 만반의 준비를 한 뒤였다. 덤불 속에 매복하고 있던 주아부의 군대는 사방에서 쏟아져 나와 적진으로 밀고 들어갔다. 당연히 오나라 군대는 대패하고 말았다.

결국 오왕은 주아부의 기지에 무릎을 꿇고 패잔병들을 이끌고 도망쳤다. 주아부가 오나라와 초나라의 반란을 진압하는 데는 단지 석 달 정도밖에 걸리지 않았다.

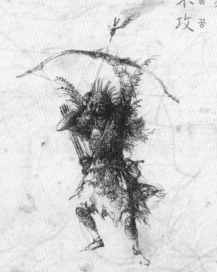

故用兵之法 無恃其不來

恃吾有以待也 無恃其不攻

恃吾有所不可攻也

군대를 제대로 운용하는 법은 적이 오지 않으리라는 기대를 버리고
어떤 적이 오더라도 대적할 수 있도록 힘을 키워야 한다.
적이 공격하지 않을 것을 믿을 게 아니라 어떠한 적이라도
공격하지 못하도록 철저하게 대비한 자신의 방어력을 믿어야 한다.

行軍 행군

늘 주변 정세를 살펴라

먼저 풀을 베어 뱀을 놀라게 하라

其기所소居거易이者자利리也야

遠원而이挑도戰전者자欲욕人인之지進진也야

敵적近근而이靜자者시特기其험險야也

적이 가까이에 있으면서 움직이지 않는 것은 험한 주변의 지세를 믿기 때문에 그걸 미끼로
아군을 유인하기 위한 술책인 것이다. 적의 주력부대가 멀리 있는데도 불구하고 소규모
부대로 공격하는 것은 아군의 진격을 유도하려는 것이다. 적이 높은 곳에 주둔하지 않고
평평한 장소에 있는 것은 얻을 수 있는 이득이 있기 때문이다.

병법 중에 작은 행동을 먼저 보여주어 상대방으로 하여금 겁을
먹고 경계하도록 만드는 전술이 있다. 이 전술을 달리 말하면 마음
속에 자그마한 의혹이라도 있으면 적의 형세를 자세히 조사하여
완전히 파악한 후에 행동을 취해야 한다는 뜻이다. 그러므로 되풀

164

이하여 정찰하는 것이 적의 음모를 알 수 있는 가장 효과적인 방법인 것이다.

중국 명明나라 말기인 1642년의 일이다. 부패한 정치에 항거하여 농민반란을 일으킨 이자성李自成은 군대를 파병해 개봉이라는 곳을 포위했다. 이를 안 조정에서는 급히 양문악, 좌량옥 등의 장군에게 20만 관군을 주어 개봉에 집결시켰다.

이에 이자성은 여러 장군을 소집해 대책을 상의했다. 회의 끝에 이자성은 쇠와 쇠가 부딪치면 소리만 요란했지 결론이 쉽게 나지는 않을 것이라고 판단하고, 뱀을 잡기 위해 먼저 풀을 베어 놀라게 만드는 전술을 쓰기로 했다. 즉, 이 전술은 적에게 먼저 겁을 주어 아군이 강하다는 생각을 갖게 하는 것이었다.

한편 관군 대장 양문악은 기세를 제압하기 위해 이자성의 진영에 이틀 동안 포탄을 들이부었다. 그러나 이자성의 군대는 아무런 피해도 입지 않았다. 이자성이 거짓 진지를 만들어 놓고 군사들과 함께 다른 곳으로 몸을 피했기 때문이었다. 이제 양문악은 포탄도 떨어지고 더구나 이자성의 포위망 안에 갇힌 꼴이 되고 말았다.

좌량옥 역시 양문악과 똑같은 전술을 써서 잡기 위해 먼저 좌량옥 군대와 인접해 있는 호대위라는 관군 장군의 진지를 공격했다. 이자성의 정예군은 야음을 틈타 호대위 진지를 쑥밭으로 만들어 버렸다. 그러자 호대위는 밤을 틈타 급히 도망가고, 호대위가 참패했다는 소식이 전해지자 좌량옥은 매우 놀라 겁을 집어먹었다. 이로써 좌량옥과 양문악은 완전히 이자성의 포위망에 갇히게 되었다. 이제 관군은 자기 손아귀에 있다고 생각한 이자성은 군사들에게 이렇게 명령했다.

"공격은 하지 말고 북을 울리고 나팔을 불며 공격하는 척만 하라!"

마침내 북이 울리고 나팔 소리가 천지를 뒤흔드는 듯 요란했다. 그러자 며칠째 군량미 공급이 끊겨 사기가 떨어진 양문악과 좌량옥의 관군들은 지레 겁을 먹고 싸움할 생각도 하지 않은 채 포위망을 뚫으려고 흩어졌다.

이때 이자성은 도망가는 관군을 추격하지 않고 오히려 빠져나갈 길을 터주었다. 미리 퇴로를 예상해 깊은 함정을 파두었기 때문에 애써 쫓을 필요가 없었던 것이다. 잠시 후 이자성의 군대는 함정 앞에 이르러 관군 수만 명을 포로로 잡고 포차와 병기를 노획했고, 그후 이자성의 부대는 더욱 강대해졌다.

이 전투에서 이자성은 눈앞의 적 양문악과 좌량옥을 직접 치지 않고 오히려 그들의 후미에 있는 호대위 군대를 공격함으로써 승리를 거둘 수 있었다. 이것이 바로 뱀양문악과 좌량옥을 잡기 위해 풀호대위을 먼저 베어 뱀이 겁을 먹게 만든 전술이었다.

# 강자의 휴전 제의는 항복을 뜻한다

적들에게 작은 허점이라도 보인다면 이것을 잘 이용하여 기회를 포착해야 한다. 작은 이익이라도 큰 것을 위해 필요하다면 반드시 전력을 다해 획득해야 한다.

동오東吳는 강국強國이었다. 그래서 인접한 서진西晉은 동오를 무너뜨리려고 몇 년을 별러오던 터였다. 동오를 공격하기 위해서 진의 대장 왕준王濬은 왕의 명령을 받들어 양자강 상류에서 전함을 만들기 시작했다. 그 전함은 갑판에서 말을 타고 달릴 수 있을 정도로 넓어 이천 명의 병사를 태울 수 있는 것이었다. 배를 만들면서 깎은

167

나무는 강을 따라 내려가서 동오의 한 장군에게 발견되어 급히 오왕 손호孫皓에게 보고되었다. 그러나 손호는 전혀 의심하지 않고 아무런 대비도 하지 않았다.

서기 279년, 드디어 서진은 육로와 수로로 진군하여 당당히 동오를 향해 나아갔다. 서진의 장군 왕준은 칠만 명의 수군을 이끌고 강을 따라 진격해 나갔다. 강 위의 전함은 서로 나란히 연결되었는데 깃발이 하늘을 가려 그 위풍이 대단했다.

전함이 서릉협西陵峽에 진입했을 때 동오군이 강의 진로를 가로막기 위해 쳐놓은 쇠사슬과 강물 속의 그물에 부딪혔으나 왕준은 예상했었다는 듯 훈련된 병사들을 시켜 장애물을 제거하며 유유히 전진해 나갔다.

장애물을 돌파한 서진의 수륙 양군은 긴밀히 연합하여 동오의 무창이라는 곳으로 진격해 들어갔다. 서진의 군사들은 승승장구하며 거침없이 쳐들어가 얼마 안 가서 동오 영토의 대부분이 서진에게 점령되었고 그 과정에서 동오의 많은 병사들이 서진에 투항했다. 이때 서진의 조정에서는 어전회의가 열리고 있었다.

"이제 그 정도면 제아무리 강한 동오도 혼쭐이 났을 테니 그만 휴전을 하고 군대를 철수시키는 게 어떻겠소."

서진왕의 말에 노신 두예杜預가 결연히 반대하며 나섰다.

"안 됩니다. 아군은 지금 파죽지세로 승기를 잡고 진군 중입니다. 내친김에 동오의 심장부까지 쳐야 합니다."

그때 전령이 동오왕 손호가 휴전을 제의해 왔다고 알렸다. 그러자 두예가 눈을 번뜩이며 왕에게 고했다.

"폐하, 손호가 언제 저렇게 약하게 나온 것을 보셨습니까? 적은 지금 가장 약해 있을 때입니다. 이 기회를 잡지 못하면 나중에 동오는 다시 강해질 것입니다."

마침내 왕은 계속 공격할 것을 명령했다. 공격 명령을 받은 왕준은 한달음에 건업을 향해 돌진해 들어갔다. 서진군이 성 아래 다다르자 손호는 이미 대패했다고 단정하고 자신의 손을 묶게 한 채 스스로 왕준에게로 나아가 항복했다. 이로써 서진은 오랜 염원을 푼 셈이었다.

이 전쟁에서 서진이 이길 수 있었던 것은 적의 허점을 기회로 연결시켰기 때문이었다. 강자가 먼저 휴전을 제의하는 것은 곧 항복을 의미한다는 것을 서진의 조정에서 간파했던 것이다. 즉, 기회가 왔을 때 적의 허점을 재빨리 포착해야 한다는 사실을 알고 있었던 것이다.

仗而立者飢也 장이립자기야

汲而先飲者渴也 급이선음자갈야

見利而不進者 勞也 견리이부진자노야

鳥集者虛也 조집자허야

夜呼者恐也 야호자공야

적이 지팡이를 짚고 걸어가는 것은 군량미가 떨어졌기 때문이고,
물을 길으러 가서 허겁지겁 먼저 마신다면, 이는 적진에 물이 없다는 증거이다.
적의 형세가 유리한데도 공격해 오지 않는 것은 적이 피로해 있기 때문이며,
적진이 배치해 있던 곳에 새들이 모여드는 것은 적이 모두 철수했기 때문이다.
한밤중에 큰 소리로 부르는 것은 적이 두려움에 빠져 있다는 증거이다.

## 눈속임도 중요한 전략

辭卑而益備者進也<sub>사비이익비자진야</sub>

辭詭而强進驅者退也<sub>사궤이강진구자퇴야</sub>

辭詭而强進者退也<sub>사궤이강진자퇴야</sub>

輕車先出其側者陣也<sub>경거선출기측자진야</sub>

적의 사령이 아군의 진영에 와서 말을 낮추고 공손하게 행동하는 것은 머지않아 진격해 오려는 의도 때문이다. 이와 반대로 사령의 언행이 매우 강경하고 거칠면 머지않아 퇴각할 계획이 있기 때문이다. 가벼운 병거<sub>兵車</sub>가 앞에 나와서 진지의 양옆을 지키는 것은 장차 전차전을 준비하고 있기 때문이다.

전쟁을 할 때 적의 눈을 속이는 것도 중요한 전술 중의 하나이다. 즉, 이미 갖추어져 있는 상황을 최대한 이용해서 전투 형태를 가장 좋게 배치해야 한다. 실제 군사력이 약하더라도 전투 형태는 아주 강해 보이도록 해야 한다. 그렇게 함으로써 실제 전투에서 우위를 점할 수 있다. 이것을 반대로 생각해보면 전쟁에서 상대의 속임수를 간파할 수 있는 능력이 매우 중요하다는 사실을 알 수 있다.

서기 115년에 강羌민족이 한나라 고을인 무도군武都郡을 침략했다. 한漢나라 원제元帝는 우후에게 3천여 명의 기병을 이끌고 가서 무도군을 구하라고 명령했다. 그러나 강족의 군사는 무려 5천여 명에 이르렀고 여러 전쟁을 치르는 동안 병사들의 심신이 지쳐 있어서 여러모로 불리한 처지였기에 우후는 하나의 계책을 생각해냈다.

우후는 강민족의 진영으로 가는 도중에 말을 돌려서 산기슭에 막사를 치라고 명령했다. 그때 강족의 군사들은 멀리서 이를 지켜보고 있었다. 강족의 대장은 참모를 불러 한나라 군사의 규모가 얼마나 되는지 알아보라고 명령했다. 그러나 어둠이 깊어지자 숫자를 헤아릴 수가 없어 다음 날로 미루게 되었다.

이튿날 아침, 우후는 장군들을 불러 이렇게 명했다.

"군사들이 여기에 머무는 동안 식기를 두 배 이상 쌓아두라고 하라!"

그러자 장군들은 그 뜻을 금방 알아차렸다. 적에게 군사가 많음을 보여주기 위함이었다. 우후의 계책은 그대로 들어맞았다. 강족의 두목은 전력상 열세이기 때문에 다른 작전으로 맞서기 위해 공격을 미뤄야겠다고 생각했다.

한나라 군대와 강족의 군사들은 적정성에서 일주일 동안 교착 상태에 빠져 있었다. 8일째 되는 날 우후가 장군들을 불러 명령했다.

"이제 우리 병사들도 피곤이 풀렸으니 전투를 시작합시다. 군사들에게 이렇게 지시하시오! 성 밖에 와 있는 강민족 군대를 향해 활을 쏘되 화살이 적에게 도달하지 않도록 약하게 쏘라고 하시오!"

우후의 명령대로 병사들이 일부러 화살을 힘없이 날리자 강족은 한나라 군사들이 활 쏘는 법이 미숙하다고 판단했다. 강족은 긴급 회의를 소집하고 비록 자기들이 병력은 딸리지만 싸움에는 능하다는 판단을 하고 총공격을 할 것을 결의했다. 강족이 우레와 같은 함성을 지르며 거침없이 적정성을 향해 몰려오자 우후가 큰 소리로 명령했다.

"이제 전쟁이 시작됐다! 있는 힘을 다해 활시위를 당겨라."

한나라 병사들의 전력을 얕잡아보고 대들던 강족 군사들은 화살 한 발에 고꾸라져 일어나지 못했다. 삽시간에 전열이 흐트러진 강족은 더 이상 공격을 하지 못하고 혼비백산하여 뒤로 물러났다. 우후는 이 싸움에서 긴 행군에 지친 병사들을 쉬게 하려고 시간을 벌기 위해 적의 눈을 속이는 전략을 써서 승리로 이끌어냈다. 즉, 일부러 군사의 숫자가 많은 것처럼 보이기 위해 '식기'와 '군복 색깔' 등 여러 계책을 썼던 것이다. 또 반대로 힘없이 활을 쏜 것도 역시 눈속임 전략의 일종이었던 것이다.

## 과연 고집불통 안마사

卒未親附而罰之則不服不服則難用也

卒已親附而罰不行則不可用也 [印]

사병들이 아직 장군과 친해지지 않은 상태에서 벌을 주면 속으로는 복종하지 않게 된다. 그들이 복종하지 않는다면 군대를 운용하기가 어렵게 될 것이다. 또한 사병들이 장군과 친해졌는데도 마땅한 벌을 행하지 않는다면 이 또한 군대를 운용하기가 어렵게 될 것이다.

일본 전국 시대의 무장 도요토미 히데요시와 도쿠가와 이에야스에게 천하통일의 기반을 닦아주었던 오다 노부나가가 어느 날 부하들이 모인 자리에서 농담 한마디를 했다.

"나는 요새 사는 재미가 없어."

"모든 게 장군님 뜻대로 되어가고 있는데 그게 무슨 말씀이십니까?"

"너무 내 생각대로 되어가니 재미가 없지. 더구나 내 부하들도 그저 내가 시키는 대로 무엇이나 복종을 하니 재미가 없단 말이야. 내가 하는 말을 반박할 만한 배짱을 가진 자가 어디 없겠나?"

부하들은 오다 노부나가의 농담조차도 거역해서는 안 된다고 생각한 나머지 의논 끝에 사타이치定市라는 자를 장군 앞으로 데려가기로 했다. 사타이치는 성안에 드나드는 장님 안마사였는데 대단한 고집불통 영감이어서 아무에게도 머리를 숙여본 적이 없었다. 부하들은 사타이치를 불러 앞뒤 사정을 말해주고 이렇게 당부했다.

"장군님 앞에 가서 평소처럼 행동하면 돼. 장군님이 마음에 들어 하시면 아마도 자네에게 후한 상이 내려질 테니까 제대로 하라고. 알겠나?"

그런데 부하들의 그런 당부도 모두 허사였다. 정작 오다 노부나가 앞에 나간 사타이치는 고집불통이었던 평소의 모습과는 정반대의 모습을 보여주었다.

"자네, 고집이 그렇게 대단하다고 하던데 그 소문이 사실인가?"

오다 노부나가는 짐짓 위엄을 세워 물었다. 그러나 사타이치는 두 손을 휘저으며 대답했다.

"아닙니다, 장군. 어떻게 감히 장군님 앞에서 고집을 부리겠습니까? 그저 무슨 일이든 분부만 내리십시오. 불길 속이라도 뛰어들겠습니다."

"내 부하들의 말에 의하면 자네는 대단한 고집불통이라던데……"

"그건 그분들이 꾸며낸 장난입니다. 저는 그저 소심한 안마사에 지나지 않습니다."

그러자 오다 노부나가는 매우 불쾌한 표정을 지으며 안마사에게 물러가라고 말했다. 벌벌 기는 시늉을 하며 물러 나오는 안마사를 붙들고 부하들이 소리쳤다.

"이봐, 영감. 왜 그따위로 말한 거야? 영감 때문에 우리들만 혼이 나게 생겼잖아! 왜 우리 장군 앞에서 그렇게 바보짓을 했는지 한번 말을 해보라고! 이 영감쟁이야."

부하들은 화가 머리끝까지 치밀어 고래고래 소리를 질렀다. 그러자 사타이치가 평소 모습처럼 얼굴을 붉히며 당당하게 대꾸했다.

"흥, 무슨 수작들이야? 그럼 내가 당신들이 시키는 대로 고분고분 따를 줄 알았단 말이야?"

# 고갯짓 하나에 패한 나폴레옹

令<sub>영</sub>素<sub>소</sub>行<sub>행</sub>以<sub>이</sub>教<sub>교</sub>其<sub>기</sub>民<sub>민</sub> 則<sub>즉</sub>民<sub>민</sub>服<sub>복</sub>

令<sub>영</sub>不<sub>불</sub>素<sub>소</sub>行<sub>행</sub>以<sub>이</sub>教<sub>교</sub>其<sub>기</sub>民<sub>민</sub> 則<sub>즉</sub>民<sub>민</sub>不<sub>불</sub>服<sub>복</sub>

令<sub>영</sub>素<sub>소</sub>行<sub>행</sub>者<sub>자</sub> 與<sub>여</sub>衆<sub>중</sub>相<sub>상</sub>得<sub>득</sub>也<sub>야</sub>

行書

평소에 군기를 바로잡아 명령이 제대로 전달되게 훈련했다면 병사들이 복종할 것이다. 그러나 군기를 바로 세우지 못해 명령이 제대로 전달되지 않았다면 병사들이 복종하지 않을 것이다. 명령이 평소에 잘 지켜지면 장군과 병사들은 서로 이익을 얻게 될 것이다.

옆으로 고개 한번 흔든 것으로 역사의 흐름을 바꿔놓은 라코스트라는 이름을 가진 사내가 있었다. 라코스트는 나폴레옹과 웰링턴의 결전장이었던 워털루 근처에 사는 농부였다. 그는 워털루 근처의 지형을 잘 알고 있었기 때문에 나폴레옹의 길 안내원으로 징발되었다.

전쟁에 임한 어느 날, 나폴레옹이 쌍안경으로 고지의 능선을 훑어 보더니 옆에 있는 라코스트에게 작은 소리로 무언가를 물었다. 그랬더니 라코스트는 아무 말 없이 고개만 가볍게 옆으로 흔들었다. 잠시 후 나폴레옹은 정예부대인 기병사단을 향해 고지로 돌격하라고 명령을 내렸다. 그런데 고지의 정상에 도착한 기병사단은 예기치 않게 깎아지른 듯한 벼랑을 만나 아래로 추락하고 말았고 결국 나폴레옹은 패하고 말았다.

공격을 해도 장애물이 없겠느냐는 나폴레옹의 물음에 라코스트는 '공격해서는 안 된다.' 즉, 아니라는 뜻으로 고개를 옆으로 흔들었는데 나폴레옹은 이 행위를 '장애물이 없다'는 뜻으로 잘못 받아들였던 것이다. 만약 그때 사내가 '안 된다'는 말 한마디만 했어도 나폴레옹은 전쟁에서 패하지는 않았을 것이다. 그리하여 하찮은 실수가 엄청난 결과를 가져오는 현상을 라코스트의 이름을 따서 '라코스티즘'이라고 부른다.

地形 지형

지형을 최대한 이용하라

장수를 다스릴 줄 알아야 승리한다

將不知其能曰崩
장부지기능왈붕

大吏怒而不服遇敵懟而自戰
대리노이불복우적대이자전

붕崩이란 지휘자와 간부들 간의 접촉이 잘 안되고 간부들이 불만을 품고 지휘자의 명령에 복종하지 않으며 전투가 벌어졌을 때 그러한 간부들의 능력을 인정하지 않는 경우를 말한다.

한漢나라 고조高祖 유방이 천하를 통일한 후 신하인 한신韓信과 여러 장수의 능력에 대해 이야기를 나누던 중에 이렇게 물었다.

"내가 몇만의 군사를 거느릴 수 있는 장수라고 생각하오?"

한신이 대답했다.

"폐하께서는 한 십만쯤 거느릴 수 있으실 것으로 생각합니다."

유방이 다시 물었다.

"그렇다면 그대는 얼마를 거느릴 수 있는가?"

"예, 저는 다다익선多多益善이옵니다."

이 말을 듣고 고조는 한바탕 웃고 나서 물었다.

"다다익선이라고? 그런데 어찌하여 그대는 십만의 장수감에 불과한 나의 포로가 되었는가?"

유방이 그렇게 묻자 한신은 이렇게 대답했다.

"그것은 별개의 문제입니다. 폐하께서는 병사의 장수가 아니라 장수의 장수이십니다. 제가 폐하의 포로가 된 이유는 그것뿐입니다."

한신의 이 대답은 유방이 졸병들을 잘 다스리지는 못하지만 장수들을 잘 다스리기 때문에 자신이 잡혀 있다는 말이다.

아무리 능력이 뛰어난 장수라 해도 만사에 통달할 수는 없는 일이다. 여러 장기長技와 특징을 지닌 장수들을 잘 거느림으로써 그들의 능력을 하나로 뭉칠 수가 있는 것이다.

고조에게 멸망당한 항우는 그 개인을 놓고 볼 때 고조보다도 뛰어난 장수였지만 장수들을 통솔할 줄 몰랐기 때문에 그의 뛰어난 힘과 능력에도 불구하고 고조에게 멸망당했던 것이다.

사로잡았다 풀어주기를 일곱 번

知<sub>지</sub>此<sub>차</sub>而<sub>이</sub>用<sub>용</sub>戰<sub>전</sub>者<sub>자</sub>必<sub>필</sub>勝<sub>승</sub> 不<sub>부</sub>知<sub>지</sub>此<sub>차</sub>而<sub>이</sub>用<sub>용</sub>戰<sub>전</sub>者<sub>자</sub>必<sub>필</sub>敗<sub>패</sub>

料<sub>요</sub>敵<sub>적</sub>制<sub>제</sub>勝<sub>승</sub>計<sub>계</sub>險<sub>험</sub>阨<sub>액</sub>遠<sub>원</sub>近<sub>근</sub> 上<sub>상</sub>將<sub>장</sub>之<sub>지</sub>道<sub>도</sub>也<sub>야</sub>

夫<sub>부</sub>地<sub>지</sub>形<sub>형</sub>者<sub>자</sub>兵<sub>병</sub>之<sub>지</sub>助<sub>조</sub>也<sub>야</sub>

지형은 승리를 얻기 위해 단지 보조적 역할을 할 뿐이다. 적의 움직임을 알고 지형의 험한 정도와 멀고 가까움 등을 잘 살피고 헤아려 보면서 작전 계획을 세워 승리를 이끌어내는 것이 장수의 임무이다.

적이 달아날 길이 없어 궁지에 몰렸을 때 그들은 죽기 살기로 공격한다. 그러나 출로를 열어주게 되면 그러한 독기를 없앨 수 있다. 그러므로 비록 전력으로 적을 추격하더라도 급히 추격하지 말고 적의 체력을 소모시키고 그 투지를 와해시키는 것을 목표로 삼아야 한다.

184

중국 삼국 시대 촉蜀나라의 익주에 맹획孟獲이라 불리는 수장이 있었다. 맹획은 10만 병력을 이끌고 건영 등 변경 지역 3군을 섬멸시켰다. 그러자 촉나라의 승상 제갈량諸葛亮은 50만 병사를 이끌고 조운, 위연 장군 등을 앞세워 정벌에 나섰다.

제갈량은 먼저 군사를 나누어 변경 3군을 수복시킨 뒤, 계속 남쪽으로 진군하여 맹획의 퇴로를 차단하고 결국 그를 생포했다. 제갈량이 맹획에게 왜 반란을 일으켰느냐고 묻자 그가 대답했다.

"싸움에 패한 자가 무슨 변명이 있겠소? 어서 죽이시오. 하지만 나를 풀어주면 다시 군대를 일으켜 그대와 생사를 걸고 일전을 벌이겠소."

그러자 제갈량이 웃으며 그와 몇천의 포로 병사를 풀어주었다. 맹획은 풀려난 뒤 남은 군사를 정비하여 험한 지세를 이용해 성을 건축하고 높은 누각을 세우고 석공과 포석을 준비하여 수비태세를 갖추었다. 하지만 제갈량은 협산夾山 계곡을 점거하고 맹획의 식량 보급로를 차단했다. 그리자 굶주린 맹획의 부하들이 스스로 맹획을 포박하고는 하산하여 제갈량 앞에 바쳤다. 제갈량이 웃으며 할 말이 있냐고 묻자 맹획이 말했다.

"이번에는 당신이 한 일이 아니고 내 부하가 한 일이오."

그러자 제갈량이 다시 그를 보내주었다. 다시 풀려난 맹획은 이번에는 자기 동생 맹우孟優를 시켜 백여 명의 부하를 거느리고 구슬과 보석을 제갈량에게 바치게 하는 한편 어두운 밤을 틈타 촉나라 진영을 기습공격하려 했다. 이번에도 제갈량은 이를 미리 간파하고 맹우에게 술에 탄 마취제를 마시게 하여 사로잡고, 맹획은 매복해 있던 제갈량의 군사에게 생포되었다.

하지만 맹획은 동생이 술을 좋아해 일을 그르쳤다는 핑계를 대고 여전히 굴복하지 않았다. 제갈량은 다시 그를 보내주었다. 맹획은 제갈량에게 일곱 번이나 사로잡혔지만 그때마다 제갈량은 여전히 맹획을 놓아주도록 명령했고, 그가 병사와 말을 모아 다시 승부해오길 기다리고 있었다. 맹획이 여덟 번째 사로잡혀 제갈량 앞에 무릎을 꿇었을 때 진심으로 참회의 눈물을 흘리며 말했다.

"승상, 앞으로 다시는 반란을 꾀하지 않겠습니다."

그러자 제갈량이 맹획의 손을 잡으며 말했다.

"당신도 촉나라 사람이니 우리는 형제요. 당신의 훌륭한 힘과 지혜가 우리 촉나라의 발전에 쓰였으면 하오."

제갈량은 촉나라의 진정한 발전을 도모하기 위해 아까운 장수인 맹획을 죽이지 않고 사로잡을 때마다 놓아준 것이었다. 즉, 대를 위해 소를 희생한다는 진리를 그는 벌써 꿰뚫고 있었던 것이다.

정확한 상황 파악이 승리의 관건

촉한蜀漢의 유비劉備가 왕으로 등극한 지 2년이 되는 해인 서기 222년의 일이다. 그는 의로써 맺은 동생 관우의 복수를 하기 위해 수십만의 군사들을 이끌고 오吳나라로 진군해 나아갔다.

유비가 수십만 대군을 이끌고 공격해 온다는 소식을 접한 오나라의 손권은 급히 젊은 장군인 육손陸遜을 대장군에 임명하여 방어하도록 했다. 손권의 명을 받은 육손은 정예군 5만을 이끌고 전선에 도착한 후 전략적인 지형을 선택하여 포진했다.

산봉우리에 올라서자 육손의 눈에 들어온 것은 산과 들을 가득

메운 촉나라 군사들뿐이었다. 육손은 섣부른 공격이 곧 패배를 자초할 뿐이라고 생각했지만, 휘하의 장수들은 자신들의 힘만 믿고 단숨에 기를 꺾어야 한다고 주장했다. 그때 육손은 장수들을 데리고 산 위로 올라가 밑에 펼쳐진 안개를 가리키며 이렇게 말했다.

"안개 속에 무엇이 있는지 자신 있게 말할 장수는 앞으로 나와 보시오. 유비는 백전노장이라 반드시 저 안개와 같은 전술을 가지고 있을 것이오. 섣불리 저 안개 속으로 뛰어들었다간 죽음을 면치 못할 게 뻔한데 어찌 공격을 한단 말이오."

그러자 장수들은 아무 말도 하지 못하고 기가 죽었다.

때는 칠월 중순, 세상이 온통 뜨거운 열기로 달아오르고 있었다. 이처럼 살인적인 더위가 계속되자 촉나라 병사들은 매일 불평불만을 호소했고, 그러자 결국 유비는 그늘진 숲속으로 병사들을 이동시켰다. 이때 노장 황권黃權이 유비에게 충고했다.

"이렇게 깊은 곳으로 들어와 험준한 지형 속에 진지를 세우시면 나중에 어떻게 후퇴하려 하십니까? 다시 한번 생각해 보십시오."

그러나 마음 약한 유비는 전장에서는 무엇보다 병사들의 불만을 귀담아들어야 한다며 황권의 충고를 묵살했다. 그러던 어느 날 밤 육손의 정찰대가 야음을 틈타 유비의 진영에 잠입했다. 날쌔게 유비의 진영을 정탐하고 돌아온 정찰대원이 육손에게 보고했다.

"촉군의 진영은 대부분 지푸라기와 나무로 구축되어 있습니다."

그러자 육손은 비로소 공격의 기회가 왔다고 판단하고 장수들을 불러 명령을 내렸다.

"공격은 하되, 적의 진지는 불에 약하게 구축되어 있으므로 먼저 화공전을 펼친 후에 공격을 하도록 하시오."

이튿날, 드디어 육손의 공격 명령과 동시에 유비의 진영은 삽시간에 화염으로 뒤덮였다. 매정한 불길은 밤하늘이 하얗게 질리도록 삶의 마지막 비명을 지르며 쓰러지는 촉나라 병사들을 하나둘씩 삼켜버렸다. 촉나라 군사들은 아비규환의 혼란 속에서 죽어갔고 수많은 병사들이 화염에 싸여 돌아올 수 없는 곳으로 사라져갔다. 그리고 유비는 남은 군사들을 이끌고 백제白帝 성으로 도망쳤으나 결국 사천 땅으로 돌아가지 못하고 백제성에서 깊은 시름에 싸여 마음 둘 곳을 찾아 이리저리 방황하다가 이듬해 세상을 떠났다.

故知兵者 動而不迷 舉而不窮
고 지 병 자　동 이 불 미　거 이 불 궁

知己知彼 勝乃不殆
지 기 지 피　승 내 불 태

전쟁의 실상을 잘 아는 사람은 군대를 움직이되 갈팡질팡하지 않고
거사를 도모하되 어려운 상황에 빠지지 않는다.
즉, 나를 알고 적을 알면 위태롭지 않게 승리할 수 있다.

## 웰링턴 장군의 깨달음

視卒如嬰兒 故可與之赴深溪
시졸여영아 고가여지부심계

視卒如愛子 故可與之俱死
시졸여애자 고가여지구사

군이 병사 보기를 어린애같이 하면 함께 위험한 깊은 계곡에도 다다를 수가 있다. 또한 병사 보기를 사랑하는 아들처럼 하면 함께 죽음을 불사하게 된다.

일찍이 나폴레옹이 지휘하던 군대를 워털루 싸움에서 크게 물리쳐 세계에 이름을 떨친 웰링턴 장군이 하루는 많은 부하를 거느리고 가까운 숲으로 여우 사냥을 나갔다.

"여우가 보이거든 급히 내게 알려라."

잠시 후, 부하 한 사람이 달려와서 소리쳤다.

"장군님, 저쪽에 여우가 나타났습니다. 보기 드물게 큰놈입니다!"

"거기가 어딘가?"

"지금 저쪽 바위 뒤에 숨어있습니다."

"알았다, 너희들은 내 뒤에 따라오너라."

웰링턴은 부하가 가리킨 쪽을 향해서 힘껏 말을 몰았다. 그러자 여우는 죽을힘을 다해 도망가다가 담이 높은 한 농부의 집안으로 숨어버리고 말았다. 웰링턴 장군은 급히 그곳으로 달려가 농부의 집 문을 두드렸다.

"어서 문을 열어라, 어서!"

그러자 집안에서 소년의 목소리가 새어 나왔다.

"누구신데 함부로 남의 집 문을 두드리는 겁니까?"

"아주 급한 일이니 어서 문을 열어라!"

"저희 아버님께서 말씀하시기를 누구든지 낯선 사람에게는 문을 열어주지 말라고 했기 때문에 열 수가 없습니다."

"허어, 이 녀석이……."

소년의 당돌함에 웰링턴은 잠시 할 말을 잊었다. 웰링턴은 할 수 없이 자신의 신분을 밝혔다.

"나는 웰링턴 장군인데 방금 너희 집안으로 여우 하나가 숨어 들어갔다. 그러니 어서 문을 열거라!"

"하지만 장군님, 문만은 절대로 열 수가 없습니다."

"내가 명령을 하는데도 못 열겠단 말이냐?"

"네, 그렇습니다. 저희 아버님께서는 장군님 같은 분들이 남의 농가를 사냥터로 삼는 일이 있어서는 안 되겠다고 생각했기에 담을 높이 쌓은 것입니다. 그런데도 장군님께서는 여우 한 마리 때문에 제게 아버님의 당부를 어기라고 하시니 저는 어떻게 하면 좋습니까?"

"음, 과연 네 말이 옳다. 내가 잘못한 것 같구나. 비록 여우는 못 잡았지만 좋은 깨달음 하나를 얻으니 마음이 흐뭇하구나. 그만 돌아갈 테니 잘 있거라, 꼬마야."

웰링턴은 소년의 말에 느낀 바가 있어 여우를 포기하고 돌아갔다.

# 세상에서 가장 너그러운 사람

戰전道도必필勝승主주曰왈無무戰전必필戰전可가也야

戰전道도不불勝승主주曰왈必필戰전無무戰전可가也야

故고進진不불求구名명退퇴不불避피罪죄惟유人인是시保보

而이利리合어於合主주國국之지寶보也야

전쟁터의 실정을 살펴 이길 수 있으면 군주가 싸우지 말라고 하여도 싸울 것이고, 전쟁터의 실정을 살펴 이길 수 없으면 비록 군주가 싸우라 하여도 싸울 수 없는 것이다. 그리고 이겼다고 해서 명예를 추구하지 말고, 패했을 때는 그 죄를 피하지 말 것이며 오직 백성을 보전하고 군주를 이롭게 해야만 나라의 보배인 것이다.

터키에서 예부터 전해 내려오는 민담 한 토막이다.

어느 마을에 마음이 한없이 너그러운 사내가 살고 있었다. 그는 집에 찾아오는 손님이 있으면 누구라도 반갑게 맞이하여 푸짐하게 접대를 하곤 했다. 또한 달라는 물건이 있으면 아무 거리낌 없이 자기 것을 내어 주곤 했다. 이 마음씨 좋은 사내의 소문은 온 나라 안에 퍼졌고 급기야는 왕에게도 이 사실이 알려지게 되었다. 원래 샘이 많은 왕은 이 사내의 소문을 듣고는 몹시 배 아파했다.

'나는 그 사내보다 더 많은 물건을 사람들에게 나누어 주었는데도 그 명성이 알려지지 않았으니 도대체 무슨 조화인지 모르겠군.'

왕은 그렇게 시샘을 하면서 신하를 불러 말했다.

"그 마음씨 좋은 사내가 훌륭한 말을 갖고 있다고 들었는데 그게 사실인가?"

"예, 사실입니다."

"그렇다면 사내의 집으로 가서 그 말을 얻어오도록 해라."

이렇게 하여 사신 일행이 사내의 집으로 찾아갔다.

한편 사내는 궁궐에서 사신들이 들이닥치자 그들을 접대하기 위해 음식을 준비했다. 하지만 집에 남아 있는 고기가 없자 사내는 궁리 끝에 마구간으로 가서 마지막 남은 말을 잡아 사신들을 대접했다. 사신들은 맛있는 고기를 먹게 되어 고맙다는 인사를 하며 사내에게 물었다.

"무슨 고기인지 아주 맛이 좋군요."

"맛있게 드시는 걸 보니 제 마음도 흐뭇합니다. 마침 고기가 떨어져서 마구간에 하나 남아 있던 말을 잡았습니다."

"뭐라고요? 그럼 이게 말고기란 말이오?"

"예, 그렇습니다."

"이거 큰일 났군!"

"아니, 왜요?"

사신들은 사내에게 자기들이 찾아온 이유를 소상하게 말해주었다. 말을 가져오라는 왕의 분부가 있었다는 이야기를 들은 사내는 고개를 숙이고 울기 시작했다.

"왜 우는 거요?"

사신 중 한 사람이 묻자 사내가 몹시 슬픈 표정을 지으며 대답했다.

"내 말이 아까워서 우는 게 아닙니다. 단지 임금님께서 원하시는 것을 해드리지 못해 슬퍼하는 것입니다."

사신들은 사내의 너그러움을 다시 한번 확인하고 궁궐로 돌아가서 그날 있었던 일을 그대로 왕에게 보고했다.

"정말 그자가 내 부탁을 들어주지 못해 울더란 말이냐?"

"예, 그렇습니다. 정말이지 소문대로 마음이 한없이 넓은 사람입니다."

그 말을 듣자 왕은 더욱 화가 치밀었다. 한없이 치솟는 시샘을 억제할 수가 없을 정도였다. 며칠 후 왕은 마침내 결심을 했다.

"감히 내 뜻을 거슬렀으니 사내를 살려둘 수가 없다. 당장 자객을 보내 그자의 목을 베어오도록 해라!"

왕의 명령에 따라 자객 하나가 선발되어 길을 떠났다. 하지만 사내는 돈을 벌기 위해 지방으로 떠도는 중이었기에 집에 없었다. 그래서 자객도 이 지방 저 지방으로 옮겨 다니면서 사내의 뒤를 밟았다.

그러던 어느 날이었다. 그날도 자객은 사내의 뒤를 밟다가 날도 저물고 해서 하루 묵어갈 생각으로 어느 허름한 집의 문을 두드렸

다. 집주인은 자객에게 맛있는 저녁으로 접대를 하고, 깨끗한 이부자리를 주어 편하게 자도록 도와주었다.

이튿날 아침이 되자 자객이 주인에게 말했다.

"너무 후한 대접을 받고 돌아갑니다. 정말 고마웠습니다."

"별말씀을요. 간밤에 불편한 데는 없으셨습니까?"

"아닙니다. 너무 잘 쉬다 갑니다. 그런데⋯⋯."

자객은 집주인에게 왕의 명령을 받고 이러저러한 사내를 찾아다니는 길이라는 사실을 말해주었다.

"그래서 말인데 그자를 어디에 가면 잡을 수 있겠습니까?"

그러자 집주인은 깜짝 놀라며 옆방으로 뛰어갔다. 그리고 잠시 후 아주 예리한 칼을 들고 오더니 자객에게 건네주며 이렇게 말했다.

"그 사내가 바로 저랍니다. 어서 이 칼로 제 목을 쳐서 임금님께

바치십시오."

그 말에 자객은 몹시 당황했다.

'아, 이 사람은 정말 소문대로 마음이 한없이 너그러운 사람이구나.'

아무리 왕의 명령이라고는 하지만 이 비단결 같은 마음을 가진 사내를 도저히 죽일 수는 없었던 자객은 결국 사내의 집을 나와 왕에게 돌아가서 지금까지 있었던 일들을 낱낱이 고했다.

"그 말이 사실이냐?"

"하나도 보태거나 뺀 것이 없이 그대로 말씀드린 것입니다."

왕은 그제야 자신이 잘못했다는 것을 깨달았다.

"아무리 마음이 넓다고 해도 자기 목숨까지 내놓다니…… 그에 비하면 나는 아직도 멀었구나."

왕은 결국 그 사내를 이 세상에서 가장 마음이 너그러운 사람으로 인정하게 되었다.

九地　구지

지형에 따라 전술을 달리한다

지형마다 다른 계책을 세워라

用兵之法<sup>용병지법</sup>

有散地<sup>유산지</sup> 有輕地<sup>유경지</sup> 有爭地<sup>유쟁지</sup> 有交地<sup>유교지</sup> 有衢地<sup>유구지</sup>

有重地<sup>유중지</sup> 有圮地<sup>유비지</sup> 有圍地<sup>유위지</sup> 有死地<sup>유사지</sup>

용병의 방법 중에서 전쟁을 하게 될 지형으로는 산지, 경지, 쟁지, 교지, 구지, 중지, 비지, 위지, 사지 등이 있다.

　전쟁을 하는 데 전투장戰鬪場은 매우 중요하다. 어느 한 지점을 점령함으로써 아군에게 유리하고 적군에게 불리한 곳이 있는가 하면 싸워야 할 곳이 있고 싸우지 말아야 할 곳이 있다.
　손자는 싸움의 중요한 요소가 되는 전투장은 산지散地, 경지輕地, 쟁지爭地, 교지交地, 구지衢地, 중지重地, 비지圮地, 위지圍地, 사지死地 등

아홉가지가 있다고 말한다.

산지란 자국의 영토 안에서 싸움을 할 때 전투장이 되는 지역을 말한다. 이곳에서 싸움을 할 경우에는 군사들의 마음이 가까이 있는 자기 가족과 보고 싶은 사람들을 생각하며 전투에 임해 집중력이 흩어지게 된다. 따라서 패할 가능성이 크므로 이러한 곳에서의 싸움은 피하는 것이 좋다.

경지란 남의 땅으로 진격할 때 그리 깊이 들어가지 않은 지역을 말하는데 이곳에서의 싸움 역시 군사들에게 자국이 멀지 않다는 생각을 불러일으키기 때문에 탈주하는 병사가 많이 나오게 된다.

쟁지란 아군이 얻어도 이롭고 적군이 얻어도 이로운 지역을 말한다. 이곳은 아군과 적군과의 다툼이 심한 곳으로 대개 공격하기는 어렵고 수비에 용이한 요새要塞이다.

교지란 아군도 갈 수 있고 적군도 올 수 있는 곳으로 교통이 편리한 지역을 말한다. 이곳에서는 보급품 수송이나 부대 간의 연락이 끊어지지 않도록 철저한 대책을 세워야 한다.

구지란 여러 외국과 인접해 있어서 이해관계가 얽혀 있는 지역을 말한다. 먼저 이곳을 점령하는 쪽이 주변국으로부터 원조를 얻을 수 있으며 외교를 잘하고 못함에 따라 원조를 받을 수도 있고 고립될 수도 있는 것이다.

중지란 이미 적국 깊숙이 들어와서 싸움을 하게 된 지역을 말한다. 이곳에서는 아군의 병사들이 도주하는 일은 없으나 자국과 멀리 떨어져 있으므로 보급품 확보와 수송 여부에 따라 승패가 좌우된다.

　비지란 산악지대나 늪지대와 같은 행군하기 어려운 지역을 말한다.

　위지란 행군로行軍路가 좁아서 철수할 때는 멀리 우회해야 하며 적이 소부대로써 아군의 대부대를 격파할 수 있는 지역을 말한다.

　사지란 죽음을 각오한 최후의 격전지가 되는 지역으로, 이곳에서는 앞에는 강적이 버티고 있고 뒤로는 퇴각할 수도 없는 절벽이 있거나 좌우로 빠져나갈 길도 없는 상태이기 때문에 속전速戰을 해서 승리하는 것 외에는 다른 방법이 없다.

　이상과 같은 아홉 가지 지역에서는 각기 다른 전투 방법이 바람직하다. 그러므로 지휘자가 각 지역에 임했을 때는 다음과 같은 점에 유념해야 한다.

　산지에서는 싸움을 피하고 병사들의 마음을 하나로 뭉쳐 일치단결시켜야 한다. 경지에서는 되도록 오래 머물러서는 안 되며 병사들이 고국으로 도망치거나 마음이 이산되지 않도록 해야 한다. 쟁지에서는 적과의 정면 대결을 피하고 적의 후방을 노려서 공격하도록 해야 한다. 교지에서는 적에게 공격할 기회를 주지 않기 위해 수비를 견고하게 해야 한다. 구지에서는 인근 국가와 사귐을 도모해야 한다. 중지에서는 본국에서 멀리 떨어져 있기 때문에 적국 내에서 군량미 보급을 확보해야 한다. 비지에서는 행군이 어려우므로 병사들의 위생 문제를 생각해서 재빨리 지나가야 한다. 위지에서는 기발한 계책을 세워 빠져나와야 한다. 사지에서는 맞붙어 싸우는 수밖에는 살길이 없다는 사실을 병사들에게 주지시켜 사생결전死生決戰을 해야 한다. 본래 병사들의 심리는 포위되면 대들어 싸우고 달리 탈출할 길이 없음을 알게 되면 지휘자의 명령에 순종하게 되어 있는 것이다.

# 배수의 진을 쳐라

無所注則固　深入則拘　不得已則鬪
死焉不得士人盡力　兵士甚陷則不懼

(무소왕즉고심입즉구부득이즉투)
(사언부득사인진력병사심함즉불구)

병사들이 죽게 될 상황에 처하면 전력을 다하여 싸우게 될 것이다. 또한 병사들이 깊은 함정에 빠지게 되면 죽기를 두려워하지 않으며, 오고 갈 장소가 없으면 끈끈하게 뭉치고 적지에 깊이 들어가서는 거리낌 없이 용감해진다. 이처럼 어쩔 수 없는 상황이 되면 곧바로 싸우게 된다.

　항우와 유방이 천하를 다툴 때, 유방의 총사령관 한신韓信은 명령을 받고 출정해 위魏나라를 쳐부순 다음 조趙나라로 쳐들어갔다. 그러나 이때 한신의 군대는 겨우 2만 명에 불과했고, 조나라 군대는 20만 명이나 되었기 때문에 군사 수로는 도저히 싸움이 되지 않을 상황이었다. 그러나 한신은 명장답게 일부러 강을 뒤로 하고 진지를 구축하는 배수의 진을 치기 위해 2천 명의 매복조를 선별한 후 그들에게 이렇게 명령했다.

"우리 군대는 내일 싸움에서 거짓으로 패주할 것이다. 그렇게 되면 적군은 도망가는 아군을 추격하려고 성을 비울 것이니, 그때 매복조는 성안으로 들어가 우리 한나라의 깃발을 꽂도록 하라!"

이윽고 출정의 시간이 되자 한신은 1만여 군사에게 배수의 진을 치게 한 다음 자신은 본대를 이끌고 조나라의 성을 향해 진격해 들어갔다. 조나라 군사들은 불과 몇천 명밖에 안 되는 한나라 군대를 얕보고 일격에 격퇴하겠다며 맹공을 가했다.

계획대로 한나라 군대는 공격하는 척하면서 조나라 군사를 강가까지 유인했고 이미 주둔해 있던 군사와 합류했다. 그 틈에 매복조는 성을 점령하고 한나라 깃발을 꽂았다. 강을 등진 한군은 더 이상물러설 곳이 없음을 알고 필사적으로 싸웠고, 맹공을 견디지 못한 조나라 군대는 점점 밀려 성으로 돌아왔다. 그러나 이게 어찌 된 일인가? 돌아온 성에는 한나라 깃발이 나부끼고 있는 게 아닌가? 그걸 보자 조나라 군대는 큰 혼란에 빠졌다.

그 틈을 타 한나라 군대는 다시 맹공을 퍼부었고, 결국 전쟁은 한신의 대승리로 끝났다. 싸움이 끝난 후 장수들이 한신에게 배수진을 친 이유를 물었다.

"도대체 배수진 같은 턱없는 작전으로 승리를 할 수 있었던 까닭이 무엇인지요?"

그러자 한신이 대답했다.

"우리 군대는 이번에 급히 끌어모은 오합지졸이 아닌가. 거기다가 숫자도 턱없이 부족했고 병법에 나와 있지만 이런 군대는 사지死地에 두어야만 필사적으로 싸우는 법이네. 그래서 강을 등지고 진지를 구축한 것일세."

# 오월동주의 유래

敢<sub>감</sub>問<sub>문</sub>兵<sub>병</sub>可<sub>가</sub>使<sub>사</sub>如<sub>여</sub>率<sub>솔</sub>然<sub>연</sub>乎<sub>호</sub>
曰<sub>왈</sub>可<sub>가</sub>夫<sub>부</sub>吳<sub>오</sub>人<sub>인</sub>與<sub>여</sub>越<sub>월</sub>人<sub>인</sub>相<sub>상</sub>惡<sub>오</sub>也<sub>야</sub>
當<sub>당</sub>其<sub>기</sub>同<sub>동</sub>舟<sub>주</sub>而<sub>이</sub>濟<sub>제</sub>而<sub>이</sub>遇<sub>우</sub>風<sub>풍</sub>其<sub>기</sub>相<sub>상</sub>救<sub>구</sub>也<sub>야</sub>如<sub>여</sub>左<sub>좌</sub>右<sub>우</sub>手<sub>수</sub>

감히 문답하건대, 아군의 군사를 솔연처럼 움직일 수 있겠는가? 가능하다. 오나라 사람들과 월나라 사람들은 서로 미워하는 사이지만 그들이 함께 배를 타고 물을 건너다 풍랑을 만나게 되면 서로 돕기를 마치 왼손과 오른손처럼 하여 서로를 구하려고 할 것이다.

'오월동주<sub>吳越同舟</sub>'라는 고사성어는 바로 이 대목에서 유래되었다. 춘추 시대 후기, 오<sub>吳</sub>나라와 월<sub>越</sub>나라는 양자강 하류의 남방에서 세력을 키운 신흥 국가였다. 두 나라의 싸움에서 오왕<sub>吳王</sub> 합려<sub>闔閭</sub>가 부상당해 죽은 것을 계기로 이십여 년에 걸친 복수전을 펼쳤고 거기서 와신상담의 고사가 나올 정도로 서로 원수지간이었다.

209

이러한 사정을 잘 알고 있는 오나라의 손무孫武는 자신의 저서《손자병법》에 이렇게 적고 있다.

'병兵을 쓰는 법에는 아홉 가지의 땅九地이 있는데, 마지막 것인 사지死地는 죽음을 각오한 최후의 격전지가 되는 곳이다. 이곳에서는 앞에는 강적이 버티고 뒤로는 물러설 수 없는 절벽이나 나아갈 길이 없기 때문에 필사적으로 싸워 승리를 쟁취하는 것 말고는 살아남을 수가 없다'고 말하면서 '오나라 사람과 월나라 사람은 원수지간이지만 같은 배를 타고吳越同舟 가다가 풍랑을 만나게 되면 평소의 적개심을 잊고 서로 왼손과 오른손처럼 필사적으로 돕는다'고 했다. 즉, 서로 미워해도 위험에 처하면 돕게 된다는 말이다.

# 군기를 엄하게 세우는 법

춘추전국 시대 말, 제나라 왕 경공景公은 진晉과 연燕 연합군을 물리치기 위해 전양저를 대장군으로 임명하였다. 그때 전양저가 말했다.

"소장은 보잘것없는 과거 때문에 다른 이들이 제 말을 들으려 하지 않을 것입니다. 그러니 소장보다 더 재능 있는 인물을 제 상전에 기용하여 주십시오."

제경공은 그의 뜻을 받아들여 가장 아끼는 신하 중 한 사람인 장고莊賈를 전술고문으로 임명했고 전양저와 장고는 다음 날 진영에 들어가기로 하고 서로에게 혼신의 전력을 다할 것을 맹세했다. 그러나 이튿날 출정 후 모두들 진지를 구축하느라고 바쁘게 움직이고 있는데 장고는 어느 곳에서도 찾아볼 수 없었다. 전양저는 전령을 시켜 장고를 찾아보라고 일렀다. 그런데 얼마 후 전령이 돌아와서 장고는 십 리 밖에 있는 주점에서 술과 음식을 먹고 있다고 보고했다. 전양저는 다시 전령을 시켜 장고를 모셔 오라고 일렀다. 하지만 장고는 해가 뉘엿뉘엿 기울 무렵에야 어슬렁거리며 돌아왔다. 이를 본 전양저가 불쾌한 표정을 지으며 말했다.

"지금 어딜 다녀오시는 길입니까?"

"허허허, 전 장군 미안하게 됐습니다. 가족 친지와 절친한 친구들이 이곳 진지까지 찾아와서 환송 잔치를 마련해 주더이다."

그 말을 들은 전양저는 심각한 표정으로 법관을 불러들여 물었다.

"전장에 합당한 이유 없이 늦게 임한 자를 군법에서는 어떻게 처벌하는가?"

"예, 사형입니다."

"그럼, 법대로 시행하라."

장고는 기겁을 하며 전양저에게 매달렸지만 소용없는 일이었다. 마침내 장고는 모든 병사들이 보는 앞에서 목이 베어져 형장의 이슬로 사라졌다. 이 광경을 본 진지 내의 장수들과 병사들은 대경실색했다.

한편 이 소식을 전해 들은 제경공은 급히 전령 양구거梁邱據를 시켜 진상을 파악해 오라고 명령했다. 어명을 받은 양구거가 채찍질을 하며 진영을 향해 흙먼지를 일으키며 달려오는 광경을 지켜보고 있던 전양저는 전령이 당도하자 호되게 꾸짖었다.

"진지 내에서 그렇게 빠르게 달리다니 참수형 감이로다. 그러나 군주의 명령을 전달하고자 그리하였으니 내 이번만큼은 죽음을 면하게 해주겠소."

그러고는 즉시 전령 일행의 마차를 불사르고 말들을 죽이라 명했다.

이러한 일이 있고 난 뒤, 제나라 군사들 중에서는 누구도 감히 전양저 장군의 명령에 불복하려 들지 않았고, 이 같은 군대의 엄격함과 공명정대함은 병사들의 사기를 올리는 데 기여했다. 병사들이 움직일 수밖에 없도록 만드는 전양저의 용병술이 빛을 발한 것이다. 그리고 그런 충천한 사기가 밑거름이 되어 진晉·연燕 연합군과의 싸움에서도 큰 승리를 거두었다.

故善用兵者 고선용병자
携手若使一人 휴수약사일인
不得已也 부득이야

용병을 잘하는 사람들은 마치 한 명의 병사를 수족처럼 부리듯이 군대를 운용한다.
이는 병사들이 그렇게 움직이지 않을 수 없도록 만들기 때문이다.

# 무에서 유를 창조한 장수

將軍之事 靜以幽 正以治
장군지사 정이유 정이치

能愚士卒之耳目 使之無知
능우사졸지이목 사지무지

易其事 革其謀 使人無識
역기사 혁기모 사인무식

장군이 하는 일은 심산유곡처럼 냉정하면서도 엄정하게 통치해야 한다. 병졸들의 눈과 귀를 어리석게 만들어 중요한 군사 계획을 알지 못하도록 해야 한다. 장군의 용병술이 반대로 바뀌고 세운 전략이 바뀌어도 병사들이 고급 정보를 알아보지 못하도록 해야 한다.

위장을 하여 한동안은 적을 속일 수 있지만 끝까지 속일 수는 없다. 적을 곤궁에 빠뜨려 속임수를 알지 못하게 하고, 작은 계략을 세워 부단히 적에게 착각을 일으키게 한 뒤 타격을 가하고 종국에는 적을 섬멸시켜야 한다.

당나라 현종玄宗 이융기李隆基는 즉위한 후 나라를 잘 다스려 태평

성대를 구가하고 있었다. 그러나 천하가 태평성대하다고 여긴 그는 점차 정사를 게을리하고, 매일 잔치를 벌이고 가무와 여색을 즐기기 시작했다. 이를 우려한 충신들이 충언을 했지만 아랑곳하지 않고 매비梅妃를 멀리한 채 양옥환楊玉環을 귀비로 맞이했다.

그리고 양귀비 오빠들의 말을 믿고 유주幽州 절도사의 병졸인 안록산安祿山을 등용하고 그를 평로平盧, 하동河東, 범양範陽 등 3진의 절도사로 책봉했다. 하지만 안록산은 자신의 관할지에서 암암리에 전투준비를 하여 서기 755년에 십오만 명의 군사를 이끌고 쿠데타를 일으켰다. 이것이 바로 '안록산의 난'이다.

반란이 일어나자 각 고을의 관리들은 맞서 싸우기는커녕 도망가기에만 급급했다. 그들 중에 영호조令狐潮 같은 관리는 아예 순순히 항복한 뒤 반란군에 가담하기도 했다. 안록산의 기세는 파죽지세여서 순식간에 수많은 성과 땅을 빼앗았다.

그런 가운데 어느 날의 일이었다. 영호조는 반란군을 이끌고 옹구성雍丘城이라는 작은 성을 포위했다. 옹구성을 지키던 장군 장순張巡은 병력이 부족하고 화살이 적어 성을 지키는 데 어려움을 느껴 매우 초조해했다. 어떻게든 빨리 화살을 보충하여 긴박한 상황에서 벗어나야겠다고 생각했으나 묘안이 떠오르지 않았다.

장순이 고심하기를 몇 시간, 마침내 좋은 방법 하나를 떠올렸다. 그는 병사들에게 급히 천여 개의 허수아비를 만들게 하고, 다 만든 허수아비 몸에는 검은 옷을 입히라고 했다. 그리고 밤이 되었다. 이 날 밤은 특히 깜깜해서 한 치 앞도 볼 수가 없었다. 장순은 속으로

쾌재를 부르고는 병사들에게 낮에 만들어 두었던 허수아비들을 밧줄로 묶게 했다. 그리고 그 허수아비들을 성 위에서 아래로 길게 걸어놓았다. 그 모습을 멀리서 본 영호조는 병사들이 성벽을 타고 내려오는 줄 알고 급히 화살을 쏘라고 명령했다.

다음 날 아침, 성 밑에는 죽은 병사들의 시체 대신 허수아비에 꽂히지 않은 화살들만 널려 있는 것을 보고 영호조는 그제야 속았음을 알았다. 다시 며칠 뒤, 그날도 칠흑같이 어두운 밤이었다. 장순은 오백여 명의 병사에게 검은 옷을 입게 하고 성 아래로 내려가게 했으나 반란군은 이번에도 허수아비인 줄 알고 신경도 쓰지 않았다. 오백 명의 정예군은 비호처럼 산을 넘어 반란군의 진영으로 쳐들어가 기습공격을 가했고 결국 영호조는 물러나고 말았다.

허수아비가 무無이자 허상이었다면, 실제 기습을 한 병사들은 유有이자 실상이다. 경우에 따라 무에서 유를 창조해 낼 수 있다는 것은 바로 장순의 이 같은 계략을 두고 하는 말이다.

# 지붕에 올라간 뒤 사다리를 치워라

帥與之期 如登高而去其梯 帥與之深入諸侯之地
而發其機 焚舟破釜 若驅群羊

장수가 병사들과 함께 기약하고 나면 마치 높은 곳에 올라가게 한 뒤 그 사다리를 치워 퇴로를 없애 전투에만 전념할 수 있게 하며, 장수가 병사들과 함께 제후의 영토에 깊숙이 침입하였을 때는 화살을 쏘듯이 신속하게 해야 하는데, 이는 마치 양 떼가 갈라지듯이 달려가고 달려오되 행방을 알지 못하게 하는 것과 같은 것이다.

어느 스산한 가을날, 한나라 유방劉邦의 장수 한신韓信은 정예군 2만 명을 거느리고 황하를 건너 위魏나라 군대를 섬멸하고, 이번에는 밤낮 없이 행군하여 조趙나라를 치러 들어가고 있었다.

이때 조나라의 헐歇왕은 한신이 이끄는 군대가 공격해 온다는 소식을 듣고 무려 20만 대군을 이끌고 서둘러 한신이 들어오는 길목에 군사를 배치했다. 한신의 뛰어난 지략을 알고 있던 조나라의 전술가 이좌차李左車는 가볍게 행동해서는 안 된다고 왕에게 주의를 환기시켰다. 그러자 조왕이 격분하여 이렇게 말했다.

"그렇게 자신이 없어서야 어떻게 싸움에 임한단 말인가! 20대 1의 병력은 어른과 아이의 싸움 같은 것 아니겠는가! 더구나 한신의 병사들은 위나라와 싸우면서 힘을 다 소진했을 터인데 무슨 걱정인가?"

한신이 계속해서 조나라로 진군하고 있는데 척후병 하나가 급히 달려와 조왕이 20만 대군으로 진지를 구축하고 있다고 보고했다. 그러자 한신은 태연하게 입가에 미소를 띠며 걱정할 것 없다고 말했다.

한신의 군대가 조나라 진지로부터 30리 정도 떨어진 언덕에 다다랐을 때 해가 기울었다. 그러자 한신은 기병 3천 명을 협곡 위의 고지에 배치시키고 나머지는 휴식을 취하라고 명령했다.

다음 날 아침, 한신이 나머지 7천의 병사에게 작전 명령을 내렸다.

"병사 3천은 저쪽에 보이는 면만강에 배수背水의 진을 치도록 하고, 나머지 4천은 나를 따르라!"

그러자 병사들이 의아해했다.

"배수의 진은 병법에서 금기로 삼고 있는 전술인데……."

조왕도 한신의 군사 배치를 멀리서 지켜보고는 저토록 불안한 배치는 난생처음 보았다며 한껏 조롱 섞인 웃음을 쏟아냈다.

드디어 격전이 시작되자 한신은 일부러 뒤로 물러났다. 그러자 승기를 잡았다고 생각한 조왕은 한신을 생포하라며 뒤를 쫓았다. 한신의 군대가 강 근처까지 후퇴해 왔을 때 병사들에게 큰 소리로 외쳤다.

"자, 이제야말로 생과 사의 갈림길에 놓이게 되었다. 뒤는 강이요, 앞은 적이니 어디서나 죽기는 마찬가지다. 살기 원한다면 젖 먹던 힘까지 다해서 일당백의 정신으로 전투에 임하라!"

그러자 강변까지 몰린 한신의 군사들은 다른 방법을 생각할 여유도 없이 사생결단으로 싸우기 시작했고, 갑자기 돌변한 한군의 기세에 조왕의 대군은 밀리기 시작했다. 그러자 고지에서 뛰쳐나온 기병대가 맹공을 퍼부었다. 여기서 한신의 1만 군사가 조나라의 20만 대군을 물리치는 기적 같은 일이 벌어졌다. 결국 조왕은 생포되어 한신 앞에 무릎을 꿇고 말았다.

한신의 군사들이 승리를 자축하는 잔치를 벌이던 중 병사 하나가 배수의 진을 치게 한 이유를 묻자 한신이 대답했다.

"만약 지붕으로 올라간 뒤에 사다리를 치워버렸다면 어떻게 하겠는가? 아무리 높은 곳이라도 내려오려면 뛰어내릴 수밖에 없을 것 아닌가? 마찬가지로 내가 너희들을 그토록 긴박한 상황으로 몰고 가지 않았다면 어찌 죽음을 무릅쓰고 싸울 수 있었겠는가?"

# 문을 닫아걸고 적을 잡아라

驅이왕 구이래 막지소지 차장군지사야
而注
驅而
來莫
知所
之

聚취삼군지중 투지어험
三軍
之衆
投之
於險
此將
軍之
事也

九구지지변 굴신지리 인정지리 불가불찰야
地之
變屈
伸之
利人
情之
理不
可不
察也

삼군의 병사들을 모아 그들을 험한 곳으로 몰아넣는 것이 바로 장수의 임무이다. 이때 장수는 아홉 가지 지형에 따른 병법의 변화, 굴복하여 후퇴하는 일과 펼쳐서 공격하는 일에 따른 이점, 상황에 따른 심리적 변화 등을 진지하게 살피고 상세하게 연구해야 한다.

　문을 잠그고 도둑을 잡아라. 즉, '적의 퇴로를 차단하고 나서 쳐부수라'는 말이다. 소부대로 편성된 적군과 싸울 때는 그들을 포위하여 섬멸하는 전술을 써야 한다. 산발적으로 흩어진 적을 한 곳으로 모두 모아야 한다는 것이다. 《역경 易經》에 따르면, 여러 군데로 분산된 적은 약해 보이지만 그들에게는 거짓이 많고, 아군 쪽에서 방어하기도 매우 어려운 일이라 했다. 그래서 무모하게 맹공을 감행하면 아군에게 이롭지 않고 패전의 길로 들어서는 것이라고 쓰여 있다.

기원전 260년의 일이다. 진秦나라와 조趙나라가 장평에서 싸움을 벌이고 있었다. 조나라는 노장 염파廉頗에게 40만 대군을 주어 싸움에 임하도록 하여 연전연승을 거두었다. 이에 진나라에서는 염파 장군이 늙기는 했으나 경험이 뛰어나 전술에 능하기 때문에 연전연패를 하는 것이라 판단하고 그를 제거해야겠다고 마음먹었다. 그래서 진나라에서는 재상 범수를 은밀히 조나라에 보내 조왕으로 하여금 염파를 거둬들이도록 이간질했다. 진나라의 이간질에 속아 넘어간 조왕은 염파 장군을 불러들이고 그 대신 조괄을 대장군으로 임명했다. 조괄은 전술가로는 이름이 나 있었으나 전투 경험은 한 번도 없는 인물이었다.

한편 조괄에 대해 잘 알고 있던 진나라 왕은 백기白起를 대장군으로 임명하고 적을 궁지에 몰아넣어 일전을 벌이는 전술을 이용하도록 구체적인 내용까지 지시했다. 진왕의 지시를 받은 백기는 폭이 넓은 계곡에 진지를 구축했다. 그리고 계곡 양쪽에 2만 5천의 병력을 배치했다. 병력 배치가 끝나자 백기는 1천 명의 병사를 이끌고 출정하기에 앞서 이렇게 지시했다.

"지금부터 조괄의 군대를 공격하는데 절대 맞붙어 싸워서는 안 된다. 지금 우리가 있는 이 계곡으로 유인만 해오면 된다. 명심하라!"

백기의 지시대로 병사들은 조괄의 군대와 맞붙어 싸우는 척하다가 후퇴를 하면서 조나라 군사들을 계곡으로 유인했다. 그러나 퇴

로가 용이하지 않은 지형이라고 판단한 조괄의 부하 장수 한 사람
이 함정에 빠져들지 말 것을 권고했으나 받아들여지지 않았다.

"나는 전술이라면 일가견이 있는 전략가요. 내가 보기엔 이 지형
은 함정이 아니오. 그리고 병서에도 기회가 왔을 때 적의 씨를 말려
버리라고 했소. 지금이 진나라를 완전히 눌러버릴 절호의 기회요."

그러면서 조괄은 계속해서 적을 쫓았다.

드디어 백기의 작전대로 조괄의 군사들이 계곡까지 유인되어 왔
다. 그러자 계곡 양쪽에서 기다리고 있던 군사들이 일제히 공격을
가했다. 조괄과 그의 병사들은 그 계곡에 꼼짝 없이 갇히는 신세가
되고 말았다. 조괄이 적의 방어벽을 뚫어보려고 수십 차례 시도해
보았으나 모두 허사였다. 조괄은 최후의 발악을 하듯 여기저기 덤

비다가 결국 화살을 맞고 비참한 최후를 맞이했다.

　결국 45만의 강력했던 조나라 군대는 이 전술 하나 때문에 전멸
되고 말았다.

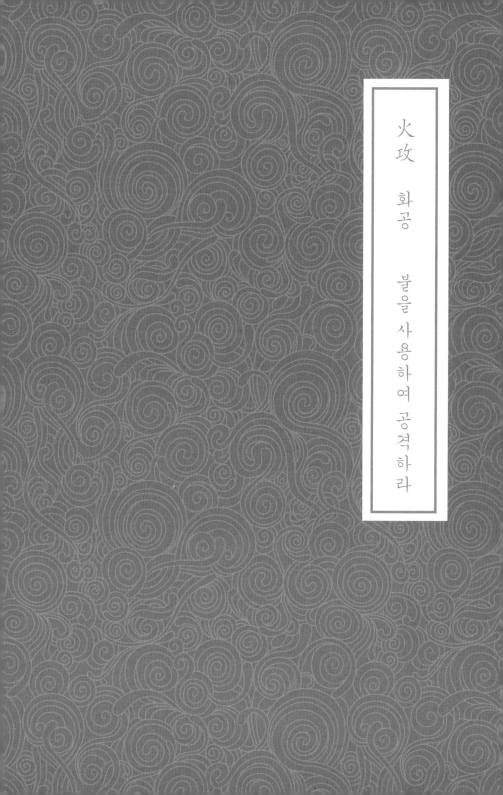

火攻 화공

불을 사용하여 공격하라

# 유명한 적벽대전의 불공격

凡火攻有五 범화공유오

一曰火人 일왈화인

二曰火積 이왈화적

三曰火輜 삼왈화치

四曰火庫 사왈화고

五曰火隊 오왈화대

화공을 펼치는 경우에는 다섯 가지가 있다. 첫째는 사람을 불태우고자 할 때, 둘째는 적이 쌓아둔 것을 불태우고자 할 때, 셋째는 군수품을 불태우고자 할 때, 넷째는 창고를 불태우고자 할 때, 다섯째는 부대를 불태우고자 할 때이다.

서기 208년에 있었던 유명한 적벽대전에서 벌어진 이야기이다. 양자강 강변으로는 단풍잎이 붉게 물들고 강물은 도도하게 흐르고 있었다. 이 양자강을 사이에 두고 조조曹操의 수십만 대군은 강북에 주둔해 있었고, 남쪽으로는 손권孫權과 유비劉備의 연합군이 대치해 있었다.

어둠이 시야를 덮을 무렵, 손권 군대의 대장군인 주유는 막사 안에서 조조군을 물리칠 계획을 짜고 있었다. 그때 갈건으로 머리를 묶고 무명옷을 입은 사람이 들어왔다. 이 사람이 바로 상양喪陽의 은사 방통龐統이었다. 방통은 손권에게 은밀히 말하였다.

"조조를 물리치려면 연환계連環計를 쓰는 것이 좋겠습니다. 제가 적진에 들어가서 연환계의 발판을 마련해놓고 돌아오겠습니다."

연환계란 차례차례 교묘하게 세운 계책을 말하는 것이었다. 주유는 위험하지 않겠느냐고 물었지만 방통은 개의치 않았다.

어느 날, 조조는 주유의 군대에 첩자 장간을 보냈는데 그가 주유의 진영으로 가던 중에 우연히 산중에서 병서를 읽고 있는 선비 한 사람을 보았다. 그런데 첩자 장간이 선비와 대화를 나누던 중에 그가 바로 그 유명한 방통임을 알게 되었다. 방통은 지금 주유에게 질책을 받아 근심하고 있는 중이라고 말했다. 그러자 장간은 방통을 회유하여 조조에게 투항할 것을 권했고, 방통은 이에 흔쾌히 동의했다. 장간은 주유의 진영으로 가는 것을 포기하고 방통을 인도하여 조조에게 데려갔다. 조조는 방통을 보자 극진히 맞이했다.

다음 날, 조조는 높은 곳으로 방통을 데리고 가 자신의 수군 진영을 보여주었다. 수천 척의 전함이 거대한 성을 에워싸고 있었다. 방통이 찬사를 아끼지 않자 조조는 득의양양하면서도 한 가지 걱정을 털어놓았다. 수군의 대부분이 북방인이라 풍랑이 요동치면 뱃멀미를 일으킨다는 것이었다. 그러자 그게 무슨 걱정거리냐며 방통이 말했다.

"배의 머리와 꼬리를 쇠사슬로 이어서 널빤지로 덮는다면 움직이지 않을 테니 아무리 풍랑이 거세도 두려울 게 없지 않겠습니까?"

그 말을 듣자 조조는 그 계략에 감탄하며 방통의 말대로 곧 배들을 서로 묶게 했다. 그 후 방통은 잠시 고향에 다녀오겠다며 조조의 진영을 나와 주유의 진영으로 돌아왔다. 그리고 조조 병사들은 밤낮없이 쇠사슬을 만들어 배를 연결하여 수군들이 배 위를 평지처럼 걸어 다닐 수 있도록 널빤지를 모두 덮었다.

어느 늦가을의 한밤중, 그날은 바람이 몹시 불었다. 주유의 배 20여 척이 바람을 타고 조조의 수군 진지로 다가갔다. 이윽고 목적지에 다다르자 주유가 큰 소리로 명령했다.

"조조군의 전함들은 이빨 빠진 호랑이나 마찬가지다. 움직일 수가 없으니 안심하고 배에 불을 질러라!"

조조의 군함은 쇠사슬로 단단히 채워져 있어서 불길이 쉽사리 번졌고 군사들은 금세 무력해지고 말았다. 조조의 군대는 재빨리 배를 묶어놓은 쇠사슬을 풀려고 했으나 쉬운 일이 아니었다. 이로써 조조의 군대는 거의 전멸되었고, 조조는 겨우 몇십 명의 병사와 함께 진지에서 탈출했다. 멀리 탈출한 후 조조는 길게 탄식하며 말했다.

"내가 헛되이 병서를 읽었구나. 이렇게 쉽게 연환계에 빠져들 줄이야……."

# 물고기를 잡으려면 먼저 물을 흐려라

중국 삼국 시대 때의 일이다. 후한 말, 군웅의 한 사람인 원소袁紹
는 홍구강 북쪽에 자리하고 있는 양무에서 그의 10만 대군과 집결
했다. 이에 반해 강의 남쪽에는 위나라 조조曹操가 이끄는 5만 대군
이 강남의 관도官渡를 지키기 위해 집결해 있었다.

강 양변은 마치 그들의 전쟁을 세상에 알리기라도 하듯 양군의
깃발이 산림을 이루었으며 북소리와 나팔 소리는 고막이 터질 듯
하였다. 양군은 그렇게 3개월 동안이나 대치하고 있었다. 수적으로
나 질적으로 우세한 병력을 가졌던 탓인지 원소는 자만심으로 넘

쳤고, 즉시 공격할 수 있는 준비태세를 갖추기 시작했다.

우선 병력을 나눠 최소 1만 개의 마차 분에 해당하는 식량을 진지로부터 약 20킬로미터 북쪽에 있는 오소烏巢에 비축하도록 명령했다. 또한 순우경淳于瓊에게 병사 1만 명을 주어 식량 운송을 엄호하도록 했다.

이에 반해 조조는 자신의 군사력이 약하다고 생각했고, 식량 또한 충분하지 않다고 생각했다. 게다가 강력한 군대와 맞서 있다는 사실만으로도 그의 마음은 어지럽기 짝이 없었다. 그러던 중 원소의 고문이었던 허유許攸가 조조에게 귀순해 오게 되었다. 조조는 너무 기뻐서 맨발로 마중을 나갔다. 귀순한 허유는 조조에게 원소가 오소에 식량을 비축하고 있다는 사실을 알려주면서 그 근본부터 공격할 수 있는 계략을 제시했다.

"우선 오소에 있는 식량 창고를 태워버려야 합니다."

"나도 그건 알고 있소만 오소는 워낙 철통같은 수비를 하고 있으니 그게 문제지요. 좋은 묘책이 없겠습니까?"

"이런 말이 있지요. 물고기를 잡으려면 먼저 물을 흐려라. 즉, 여기저기 혼란스럽게 공격을 함으로써 승리를 쟁취할 수 있다는 말입니다."

그 이야기를 들은 조조는 손뼉을 치며 기뻐했다.

그날 밤, 조조는 허유가 일러준 대로 5천의 기병대를 원소군의 복장으로 위장하고 원소군의 군량미가 비축되어 있는 오소로 들어갔다. 조조군의 선봉에는 원소군의 깃발이 나부끼고 있었기에 조조군은 무사히 원소군의 검문을 통과할 수 있었다.

최전방까지 무사히 통과한 조조의 기병대는 채찍질을 가하며 전력으로 오소를 향해 질주하기 시작했다. 오소에 도착하니 병영 안은 적막에 싸여 있었다. 조조는 재빨리 병사들에게 곡물 창고와 진지를 포위하라고 명령했다. 그리고 조조의 신호에 맞춰 일사불란하게 수천 개의 횃불이 곡물 창고를 향해 빗발처럼 던져졌다. 어둠은 일시에 화염으로 휩싸였고 뻘건 불길이 하늘을 삼킬 듯 솟아올랐다. 그러자 조조는 혼란에 휩싸인 상황을 틈타 그의 기병을 인솔하여 적의 반 이상을 전몰시켰다.

뜻밖의 화재로 인해 원소군의 식량은 삽시간에 다 타버렸다. 적이 아군과 적군도 몰라보는 혼란한 틈을 타서 전쟁을 승리로 이끌고 군량미도 불태울 수 있었던 것이다.

이렇듯 불을 사용할 목적과 적의 상황을 잘 파악하여 자연의 때를 잘 이용한 전략을 세운다면 강력한 군대와 맞선다 하더라도 좋은 결과를 얻을 수 있을 것이다.

行火必有因　煙火必素具　發火有時　起火有日
행화필유인 연화필소구 발화유시 기화유일

時者 天之燥也
시자 천지조야

日者 月在箕壁翼軫也
일자 월재기벽익진야

凡此四宿者 風起之日也
범차사수자 풍기지일야

불을 사용하려면 이유가 있어야 하고,
불을 붙이는 기구는 처음부터 갖추고 있어야 한다.
불을 지르는 데는 때가 있고, 불이 일어나는 데는 적당한 날이 있으니,
적당한 때라는 것은 날씨가 건조한 때를 말하고,
날은 달의 위치가 기, 벽, 익, 진에 해당하는 날이다.
왜냐하면 달이 이 네 성좌 星座 의 위치를 지나갈 때는
반드시 바람이 일어나기 때문이다.

# 죽은 사람도 살린 명의

凡火攻必因五火之變而應之
범화공필인오화지변이응지

火發於內則早應之於外
화발어내즉조응지어외

火發而其兵靜者待而勿攻
화발이기병정자대이물공

화공을 펼칠 때는 반드시 다섯 가지 불의 변화에 따라 취해야 한다. 첫째, 적진에서 불길이 일어나기 시작하면 밖에서 재빨리 호응하여 공격한다. 둘째, 불길이 솟아오르는 데도 적진이 조용할 때는 기다리면서 불길의 형세를 보아 공격할 것인지 말 것인지를 결정해야 한다.

중국의 명의名醫 손사막은 수나라 때 태어나서 당나라 때까지 무려 102살까지 장수하면서 무수한 사람들의 생명을 구해주어 '산신령'으로 불리기도 했다.

어느 날, 손사막이 이웃 마을에 다녀오다가 관을 지고 가는 일행을 만났다. 그런데 언뜻 보니 관 사이로 붉은 피가 철철 흘러내리고 있었다. 그 모습을 본 손사막은 의아한 생각이 들어 일행의 걸음을 멈추도록 했다.

"아니, 관에서 왜 생피가 흘러나오고 있는 거요?"

그러자 일행의 뒤를 따라가던 노파가 손사막을 알아보고는 한걸음에 달려와 말했다.

"아이고, 선생님. 조금만 일찍 선생님을 만났어도 우리 딸이 살았을 텐데 어디 가셨다가 이제 나타나셨습니까?"

"언제 숨을 거뒀나요?"

"한 시간 전에 죽었답니다. 조금만 일찍 돌아오시지 그러셨어요. 아이고……."

"자, 진정하시고 관을 내려놓으시고 뚜껑을 열어 보시죠."

"예, 이미 죽은 사람인데도 살릴 수가 있나요?"

노파는 혹시나 하는 기대로 빨리 관을 내려놓으라고 일렀다. 관이 열리자 손사막은 시신을 이리저리 살펴보다가 노파에게 물었다.

"하혈이 심한데…… 따님께서 임신 중이었군요."

"예, 만삭이었는데 어제저녁부터 지금까지 산고를 거듭하다가 아이도 낳지 못하고 죽었답니다. 아이고, 불쌍한 내 딸……."

노파는 더 이상 참지 못하고 울음을 터뜨리고 말았다.

"걱정하지 마십시오. 따님이 살아날 가능성이 있습니다."

그 말에 노파는 손사막에게 매달렸다.

"선생님, 제발 제 딸 좀 살려 주십시오."

손사막이 우선 시신을 밖으로 꺼내 평평한 곳에 누이도록 한 뒤

맥을 짚어보니 아주 미세하게 맥박이 뛰고 있음을 감지했다. 손사막은 늘 지니고 다니는 침술 도구를 재빨리 꺼내 경혈經穴을 찾아 침을 놓았다. 그렇게 몇 분이 지나자 기적 같은 일이 벌어졌다.

"응애."

아기의 힘찬 울음소리가 주위에 울려 퍼짐과 동시에 산모도 눈을 떴다. 손사막은 마지막으로 약주머니에서 물약을 꺼내 산모의 입에 부어주었다. 시간이 지나자 산모는 원기를 회복하고 주위를 둘러보며 마치 지옥에서 빠져나온 사람처럼 멍한 표정을 지었다.

손사막이 산모와 아기를 구할 수 있었던 것은 관 사이로 흘러나오던 피의 색깔이 아직 살아있는 사람의 것이라는 사실을 직감적으로 느꼈기 때문이었다. 물론 이 같은 일은 아무나 할 수 있는 것이 아니며, 수십 년 동안 경륜을 쌓아온 손사막 같은 명의라야 가능한 일이었다.

전쟁터에서 지혜로운 장군으로서의 명성을 얻으려면 아주 미세하고 예민한 부분까지도 명석한 기지를 발휘하여 상황을 판단해야 한다. 손자가 이 대목에서 강조한 것도 바로 이와 같은 미세한 상황 변화를 감지할 줄 아는 지장智將이 되어야 한다는 것이다. 만약 손사막이 의사가 아니라 전쟁터를 누비는 장군이었다면 훌륭한 지장으로서 명성을 드높였을 것이다.

# 화났을 때는 아무것도 결정하지 마라

主不可以怒而興師 將不可以慍而致戰

非利不動 非得不用 非危不戰

비리부동 비득불용 비위부전

주불가이노이흥사 장불가이온이치전

이롭지 않으면 움직이지 않고, 얻는 것이 없으면 병사를 쓰지 않으며 위태롭지 않으면 싸우지 않는다. 군주는 한때의 노여움 때문에 군대를 일으키지 않고, 장수는 성난다고 해서 전투를 해서는 안 된다.

역사상 가장 많은 면적의 땅을 정복했던 몽고의 영웅 칭기즈칸이 어느 날 몇 명의 부하들과 평소에 잘 훈련시킨 매를 데리고 사냥에 나섰다.

칭기즈칸의 매는 특별한 훈련을 받았기 때문에 주인의 명령을 다 알아듣는 것은 물론이고, 사냥에 나가서는 스스로 하늘 높이 날아

239

올라 사냥감이 어디 있는지 신호를 보낼 만큼 영리했다. 그런데 그날은 어찌 된 영문인지 사냥감이 쉬 눈에 띄지 않더니만 결국 토끼 한 마리를 잡고 사냥을 끝내게 되었다.

칭기즈칸은 먼저 부하들을 보내고 자신은 오래전부터 알고 있던 지름길을 택해 돌아오기로 했다. 그런데 그 지름길은 가파른 언덕들이 많아서 칭기즈칸은 금방 목이 말랐다. 그렇지만 가뭄이 계속되던 산중에는 물이 있을 만한 곳이 없었다. 그때 칭기즈칸은 언젠가 보아두었던 샘물 하나를 생각해내고는 그쪽으로 걸음을 옮겼다. 잠시 후, 샘에 도착하기는 했지만 그곳도 가뭄 때문에 물이 겨우 한 방울씩 떨어지고 있었다.

칭기즈칸은 자신의 은잔을 꺼내 물을 받기 시작했다. 그러나 물 한 잔을 채우는 데는 시간이 무척 오래 걸렸다. 겨우 물이 다 채워져 잔으로 입을 가져가는 순간 그때 갑자기 어디선가 강한 바람이 불어와 그만 잔을 떨어뜨리고 말았다.

"갑자기 웬 바람이지?"

칭기즈칸은 깜짝 놀라 주위를 둘러보았다. 그런데 이게 어찌 된 일인가? 바람을 일으킨 것은 바로 자신이 데리고 온 매였다.

"저 녀석이…… 무슨 급한 일이 있었나 보군……."

칭기즈칸은 그렇게 가볍게 넘기고 잔을 주워 다시 물을 받기 시작했다. 그런데 점점 더 갈증을 느낀 그는 물이 잔에 가득 찰 때까지 기다리지 않고 반쯤 채워지자 입으로 가져가 마시려고 했다. 그러나 이번에도 잔이 입술에 닿기 전에 매가 쏜살같이 날아와 날개로 쳐서 땅에 떨어뜨리는 것이었다. 칭기즈칸은 몹시 화가 나서 매에게 소리쳤다.

"아니, 이 녀석이 한 번만 더 그런 몹쓸 짓을 하면 목을 베어버리고 말겠다!"

그러고 나서 다시 물을 받아서 마시려고 했다. 그러자 이번에도 매가 무섭게 달려들어 잔을 낚아채 떨어뜨렸다. 순간 칭기즈칸은 들고 있던 칼로 매의 목을 쳐 죽여버렸다.

"내가 경고를 했는데도 말을 듣지 않았으니 넌 죽어 마땅하다."

칭기즈칸은 갈증을 참을 수 없어 바위 위로 올라가 거기에 고여 있는 샘물을 직접 퍼마시기로 했다. 칭기즈칸은 땀을 흘리면서 샘물에 다다랐다. 그런데 샘물 웅덩이에 도착한 칭기즈칸은 깜짝 놀라고 말았다. 그곳에는 독사가 독을 내뿜은 채 죽어있었고, 만약 그 물을 마시면 누구랄 것도 없이 즉사하고 말 것이었다.

칭기즈칸은 그제야 매가 물을 마시지 못하게 한 이유를 알게 되었다. 칭기즈칸은 집으로 돌아와 이런 글을 써놓았다.

'화가 났을 때는 무슨 결정이든지 해서는 안 된다.'

# 작은 것을 던져 큰 것을 얻는다

亡國不可以復存 死者不可以復生

망국불가이복존 사자불가이복생

怒可以復喜 慍可以復悅

노가이복희 온가이복열

合於利而動 不合於利而止

합어리이동 불합어리이지

이익이 있으면 움직이고, 이익이 없으면 전투를 벌이지 말아야 한다. 노여움은 다시 기쁨이 될 수 있고 성냄은 다시 즐거움이 될 수 있지만, 한 번 망한 나라는 다시 존재할 수 없고 한 번 죽은 자는 다시 살아날 수 없기 때문이다.

8세기경의 일이다.

중국 초楚나라가 여러 차례 교나라를 맹렬히 공격했지만 교나라 군대는 성문을 굳게 닫아걸고 좀처럼 나오지 않았다. 그러자 초나라의 막오굴하莫敖屈瑕라는 신하가 초왕에게 진언했다.

"교나라는 작은 나라이고, 경거망동하는 경우가 많으니 약간의

242

속임수를 쓰면 성 밖으로 유인해 낼 수 있을 겁니다."

"어떤 속임수를 쓰면 되겠는가?"

초왕이 묻자 막오굴하가 대답했다.

"교나라와 우리 초나라의 국경에서 나무를 켜는 작업을 하는 나무꾼들을 이용하는 겁니다. 그러니 나무꾼을 지키는 호위병들을 지금 곧 철수시키십시오."

그러자 다른 신하가 손을 내저으며 말했다.

"안 됩니다. 그 나무꾼들은 우리 군대에 땔감을 공급하는 아주 중요한 사람들입니다. 그들을 지키는 호위병을 철수시키면 금방 교나라 군사들이 사로잡아 갈 것입니다."

"그러나 그 방법을 쓰면 교나라군은 곧 성문을 열고 나올 게 아닙니까?"

초왕은 한참 생각한 끝에 나무꾼 호위병들을 철수시키라고 명령했다. 그리고 동시에 군대를 적당히 나누어 한 무리는 교나라의 성문과 가장 가까운 지역에 잠복시키고 또한 무리는 나무꾼들이 일하는 산중의 으슥한 곳에 매복시켰다. 그리고 남아있는 주력부대도 비상시에 즉시 교나라 성을 공격할 준비를 하라고 명령했다.

예상대로 교나라군은 초나라의 나무꾼 호위병이 없어진 것을 보고 병사를 내보내 기습공격을 가해 쉽게 나무꾼들을 포획했다. 그리고 다음 날에는 더욱 대담해져 더 많은 기습조를 내보내 나무꾼을 사로잡았고, 또 그다음 날도 성문을 열고 기습조를 내보냈다. 그러던 어느 날, 역시 교나라 군사들이 성문을 열고 나오자 나무꾼들은 급히 산속으로 도망쳤다. 그러자 성안에서 이를 지켜보고 있던 지원병들이 밀려 나왔다.

"한 놈도 놓치지 말고 잡아들여라!"

교나라 군사들은 나무꾼들을 쫓기 위해 산속으로 따라 들어갔다. 그때 교나라 성문 가까이에 매복해 있던 병력과 비상 대기 중이던 주력부대가 일제히 함성을 지르며 교나라의 성문을 향해 돌진해 들어갔다. 한차례 전투가 벌어지는가 싶더니 잠시 후 교나라 성문 위에는 초나라의 깃발이 나부꼈다. 이윽고 초나라 왕 앞에 무릎을 꿇은 교나라 왕이 한탄했다.

"나무꾼이라는 작은 미끼에 눈이 멀어 결국 나라를 잃고 말았구나."

교나라 왕은 기술이 좋은 나무꾼들을 몇 명 더 얻기 위해 욕심을 부리다가 결국 나라를 잃고 말았던 것이다. 그리고 초나라의 입장에서는 작은 것을 던져주고 큰 것을 얻는다는 병법을 십분 활용하여 승리를 쟁취할 수 있었던 것이다.

# 군주보다 뛰어난 자가 없음은 슬픈 일

夫戰勝攻取而不修其功者凶 命曰費留
부전승공취이불수기공자흉 명왈비류

故曰明主慮之 良將修之
고왈명주려지 양장수지

전쟁에 승리하고 적의 성을 빼앗아도 그 공로를 일일이 분류하여 병사들에게 혜택이 돌아가도록 하지 않는 자는 흉한데, 이것을 비류라고 한다. 그러므로 현명한 군주는 이것을 고려하고, 뛰어난 장수는 이 점을 생각하여 뒤처리에 신경을 쓴다.

어느 날, 위魏나라 무후武候가 많은 신하들을 모아놓고 작전회의를 열었다. 그런데 신하들의 의견이 한결같이 무후의 생각에 미치지 못하자 무후는 득의양양한 웃음을 지으며 회의를 끝냈다.

그때 오자吳子가 나서서 말했다.

"옛날에 초楚나라 장왕莊王이 지금처럼 작전회의를 연 적이 있었

는데, 그때도 장왕보다 뛰어난 의견을 제시한 자가 없었습니다. 그
런데 그때 장왕의 표정은 우울했습니다. 그러자 한 신하가 왜 우울
한 표정을 짓느냐고 물었습니다."

　그때 장왕의 대답은 이러했다고 오자가 설명했다.

　"나는 일찍이 이런 말을 들은 적이 있소. 즉, 세상에 성인이 없는
게 아니고 나라에 현자賢者가 없는 게 아니라 다만 그 성인을 알아
보고 스승으로 모실 수 있어야 군주가 될 자격이 있고, 현자를 알아
보고 친구로 삼을 수 있어야 패자가 될 수 있다는 말이오. 그런데
지금 나는 별로 재능도 없는 사람인데 이렇게 많은 신하들 중에서
나보다 생각이 뛰어난 자가 없으니 이 어찌 걱정스런 일이 아니겠
소? 아마도 이제 우리 초나라도 위기에 빠진 것 같소……."

246

　바로 이것이 초나라 장왕이 걱정하는 점이었다고 말하며, 오자는 무후를 바라보며 이렇게 간했다.

　"그런데 지금 폐하께서는 오히려 이것을 기뻐하시니, 신은 그저 두려울 따름입니다."

　이 말을 듣자 무후의 얼굴에는 부끄러워하는 기색이 역력히 드러났다.

用
間

용간

간첩을 최대한 활용하라

# 간첩으로 몰려 죽은 유능한 책사

鄕間者 因其鄕人而用之 內間者
因其官人而用之 死間者
反間者 因其敵間而用之
委敵也 生間者 反報也

향간이란 적국의 사람을 유인하여 활용하는 것이고, 내간이란 적국의 관리를 포섭하여 활용하는 것이고 반간이란 적국의 간첩을 포섭하여 이중간첩으로 활용하는 것이고, 사간이란 실제로는 없는 유언비어를 널리 퍼뜨려 놓은 상태에서 아군의 소문을 수집한 적의 간첩이 적장에게 이를 잘못 전달하게 하는 것을 말한다. 생간이란 적지에 숨어 들어갔던 우리의 간첩이 되돌아와서 적의 정세를 보고하는 것이다.

 

진秦나라가 멸망하자 크고 작은 군웅群雄들이 나타나 천하를 다투고 있었다. 그때 초楚나라의 패왕霸王 항우項羽와 한漢나라의 유방劉邦이 천하를 놓고 일전을 벌였는데 유방이 항우에게 쫓겨 고전하고 있을 때의 일이다.

유방은 오랫동안 군량미의 수송로까지 끊겨 더 이상 지탱하기 어렵게 되자 항우에게 휴전을 제의했다. 그러자 항우는 이에 응할 생각이었으나 아부亞父: 아버지 다음으로 존경하는 사람 범증范增이 반대하는 바람에 쉽게 이루어지지 않았다.

이 사실을 안 유방의 참모 진평陳平은 황금 4만 근으로 초나라 군사들의 일부를 매수한 뒤 '범증이 항우 몰래 유방과 내통하고 있다'는 헛소문을 초나라 진중陳中에 퍼뜨리게 했다.

이에 화가 난 항우는 은밀히 유방의 진영으로 사신을 보내 진상을 알아 오게 하였다. 진평은 항우를 섬기다가 유방의 신하가 된 사람인 만큼 그가 성급하고 단순한 성격이라는 사실을 누구보다도 잘 알고 있었다. 그래서 진평은 장량張良 등 여러 중신들과 함께 항우가 보낸 사신들을 정중히 맞이하여 연회를 베풀었다. 연회석에서 진평은 초나라 사신들에게 넌지시 물었다.

"아부 범증께서는 잘 지내고 계십니까?"

그러자 사신 중 하나가 나서서 대답했다.

"나는 초패왕의 사신으로 온 사람이오. 그런데 어찌 범증의 안부부터 묻는 것이오? 그것은 우리 패왕께 대한 예의가 아니오."

사신은 몹시 불쾌한 어조로 말했다.

"뭐? 초왕의 사신이라고? 이런 쯧쯧…… 나는 아부께서 보낸 사신인 줄 알았는데 뭔가 잘못되었군…….'"

진평은 짐짓 놀란 체하면서 산해진미를 거두고 소찬素饌으로 상을 다시 차리라는 명령을 내린 뒤 말없이 연회장을 나가버렸다. 이러한 푸대접을 받고 온 사신들은 초나라로 돌아와서 항우에게 그대로 보고했다.

"나는 안중에도 없고 범증의 안부부터 물어보더란 말이지?"

항우는 노발대발하며 성을 냈다.

"그렇습니다. 그쪽에서는 범증을 아주 높게 평가하고 있었습니다."

항우는 이제 범증이 유방과 내통하고 있다는 사실을 부인할 수 없게 되었다. 항우는 그날로 범증에게 주어진 모든 권리를 박탈했다. 순식간에 모든 것을 잃게 된 범증은 크게 노하며 항우에게 찾아가 말했다.

"이제 천하의 대세는 결정된 것과 같사오니, 앞으로 일어나는 모든 일은 전하 스스로 처리하시옵소서. 신은 이제 물러나 초야에 묻혀 살도록 하겠습니다."

그러면서 범증은 항우의 곁을 떠났다. 항우는 어리석게도 진평의 책략에 걸려 유능한 책사를 잃고 말았던 것이다. 그 후 범증은 팽성으로 돌아가던 도중에 화병으로 등창이 터져 75세의 나이로 죽었으며, 항우는 해하垓下에서 유방군에게 포위되어 대패하였다. 그 후 항우는 간신히 오강烏江으로 도주했으나 스스로 목숨을 끊었다.

# 비밀을 위해 잠꼬대도 관리하라

微<sub>미</sub>哉<sub>재</sub>微<sub>미</sub>哉<sub>재</sub> 無<sub>무</sub>所<sub>소</sub>不<sub>불</sub>用<sub>용</sub>間<sub>간</sub>也<sub>야</sub>

間<sub>간</sub>事<sub>사</sub>未<sub>미</sub>發<sub>발</sub>而<sub>이</sub>先<sub>선</sub>聞<sub>문</sub>者<sub>자</sub> 間<sub>간</sub>與<sub>여</sub>所<sub>소</sub>告<sub>고</sub>者<sub>자</sub>皆<sub>개</sub>死<sub>사</sub>

참으로 미묘하고도 미묘한 일이니, 전쟁에서는 간첩을 이용하지 않는 곳이 없다. 간첩이 발견되어 미리 알려지면 간첩은 물론 그 정보를 발설한 자도 모두 죽여 버려야 한다.

전한前漢의 제8대 황제였던 소제昭帝에게 당계공堂谿公이라는 사람이 찾아와서 이렇게 물었다.

"여기에 천금이나 나가는 아주 귀한 금잔이 있다고 해보겠습니다. 그런데 그 잔의 밑바닥에 구멍이 나 있습니다. 그렇다면 그 잔에 술을 담을 수 있겠습니까?"

253

소제가 대답했다.

"말하나 마나 담을 수 없겠지."

"그렇다면 이번에는 여기에 하찮은 유리잔이 있다고 해보겠습니다. 그런데 이 유리잔은 바닥이 새지 않는다면 술을 담을 수 있겠습니까?"

"그야 말하나 마나 담을 수 있겠지."

그러자 당계공이 머리를 조아리며 아뢰었다.

"유리잔은 아주 보잘것없는 물건이지만, 제구실을 온전히 하기 때문에 술을 담을 수 있습니다. 하지만 천금이나 나가는 금잔이라도 밑이 뚫려 있다면 아무 소용이 없습니다. 이처럼 중요한 말을 다른 사람에게 새게 하는 임금은 흡사 밑 빠진 금잔과 같습니다. 아무리 지혜가 뛰어난 임금이라도 그 지혜가 빛을 발하지 못하는 까닭은 다른 사람에게 비밀을 새어 보내기 때문입니다."

이 말을 듣고 크게 깨달은 소제는 그 후로 큰 계획을 세울 때면 신중하게 행동했다고 한다. 그리고 잠자리에 들 때도 혹시 잠꼬대를 해서 중요한 비밀이 새어 나갈까 봐 반드시 혼자 침대에 누웠다고 한다.

적의 간첩을 이용하여 얻은 승리

기원전 284년의 일이다. 연燕나라는 악의樂毅를 대장으로 진秦, 위魏, 한韓, 조趙 등과 연합해 제齊나라를 대대적으로 공격했다. 연나라는 제나라를 파죽지세로 몰아붙여 제나라 영토의 대부분을 빼앗았다. 제나라 수도 임치는 몰락되었고, 최후의 보루인 안평이라는 도시마저 아침저녁으로 위기가 계속되었다. 이러한 위기 속에서 군사들은 전단田單을 대장군으로 추대했다.

전단은 안평의 백성들을 이끌고 즉묵卽墨으로 후퇴하여 3개월을 버티었으나 군량미가 떨어지자 장군들과 대책을 논의했다. 이때

장군 중 하나가 오늘 아침에 연나라의 첩자를 붙잡았는데 그에게
서 연의 소왕昭王이 죽고 혜왕惠王이 즉위했다는 사실을 알아냈다는
보고를 받았다. 그러자 전단은 크게 기뻐하며 탁자를 탁 쳤다.

"좋은 수가 있소."

전단은 금은보화로 첩자를 설득한 후, 연나라로 돌아가 악의 대장
군이 제나라의 왕이 되고자 음모를 꾸미고 있으며 즉, 묵 정벌을 미
루는 것도 제나라 사람들의 민심을 사기 위한 것이라는 소문을 퍼
뜨리게 했다. 이 말은 곧 혜왕의 귀에 들어갔고, 혜왕은 이를 곧이
듣고 악의를 파면시킨 뒤 기겁騎劫을 새로운 대장군에 임명했다.

전단은 성루에서 연나라군의 진지를 바라보았다. 진지에서는 연
기와 먼지가 어지러이 피어오르고 있었다. 그것을 본 전단은 연나
라 군대가 대장군이 바뀌어 군사와 장수들의 마음이 동요되고 있
음을 간파했다. 그때 또 연나라의 첩자가 들어왔다.

전단은 다시 첩자에게 금은보화를 선사한 뒤, 연나라로 돌아가서
제나라 사람들은 연의 군사가 조상의 묘를 파헤칠까 두려워할 뿐
만 아니라, 만약 조상 무덤이 파헤쳐지면 모든 백성들이 연나라로
투항할 것이라는 소문을 퍼뜨리게 했다. 그러자 예상대로 연나라
의 기겁 대장군은 밤에 몰래 군사를 보내 제나라의 무덤들을 파헤
쳐진 그 시체를 불살랐다. 다음 날 아침, 조상들의 무덤이 파헤쳐
진 것을 본 제나라의 백성들은 몹시 분개하여 목숨을 걸고 연나라
군대와 끝까지 싸울 것을 다짐했다.

전단은 때가 왔음을 알고 공격 준비를 했다. 그는 우선 천여 마리

의 황소를 모은 후 황소의 몸에 오색찬란한 용무늬를 그리고, 뿔
에는 날카로운 칼을 묶고 꼬리에다 기름을 듬뿍 먹인 건초를 매달
았다.

공격태세를 갖춘 전단은 다시 연나라의 첩자를 시켜 즉묵 장군이
성을 열고 투항하려 한다는 소문을 퍼뜨리게 했다. 이 소문을 들은
연나라 기겁 장군은 이제 싸움이 끝났다며 기뻐했다.

드디어 밤이 되자 제나라의 성문이 열렸다. 그런데 이게 웬일인
가? 제나라 군사들이 투항할 줄 알고 미처 전투태세를 갖추지 않았
던 기겁의 군대는 뜻하지 않은 불청객을 맞아 혼비백산했다. 성문
으로 쏟아져 나온 것은 제나라 군사들이 아니라 꼬리에 불을 붙인
괴물 같은 황소 떼들이었다. 순식간에 함성 소리가 사방에서 일어
나고 시뻘건 불길이 하늘로 치솟았다. 이때 전단은 몸소 5천 기병
을 이끌고 맹렬하게 연나라 진영으로 쳐들어갔고 기겁은 말 아래
서 죽음을 맞이했다.

이 전쟁에서 제나라의 전단 장군은 적의 첩자를 적절하게 이용함
으로써 위기 상황에서도 승리를 차지할 수 있었던 것이다.

必索敵人之間來間我者 필색적인지간래간아자

因而利之 導而舍之 故反間可得而用也 인이리지 도이사지 고반간가득이용야

적의 간첩이 잠입해 들어왔을 때는 이를 찾아내 죽이지 말고 역으로 이용해야 한다.
적의 간첩을 매수하여 반간으로 만들어 적국으로 돌려보내는 데는
이러한 이유가 있기 때문이다.

# 내 몸을 희생하여 적을 안심시켜라

故<sub>고</sub>惟<sub>유</sub>明<sub>명</sub>君<sub>군</sub>賢<sub>현</sub>將<sub>장</sub>能<sub>능</sub>以<sub>이</sub>上<sub>상</sub>智<sub>지</sub>爲<sub>위</sub>間<sub>간</sub>者<sub>자</sub>必<sub>필</sub>成<sub>성</sub>大<sub>대</sub>功<sub>공</sub>

此<sub>차</sub>兵<sub>병</sub>之<sub>지</sub>要<sub>요</sub>三<sub>삼</sub>軍<sub>군</sub>之<sub>지</sub>所<sub>소</sub>恃<sub>시</sub>而<sub>이</sub>動<sub>동</sub>也<sub>야</sub>

그러므로 명철한 군주와 현명한 장수라야 뛰어난 지혜로 간첩을 이용하여 큰 공을 이룰 수 있다. 이것이 바로 전쟁에서 중요한 용병술이며 삼군이 지도자를 믿고 움직이는 근거가 된다.

자기 몸을 돌보지 않고 희생하여 적을 안심시키는 것을 고육계苦肉計 혹은 고육책苦肉策이라고 한다. 이 전법은 병법에서 아주 유용하게 쓰이는데 그 좋은 사례가 있다.

오나라 공자광公子光은 오왕吳王 요僚를 죽이고 스스로 왕이 되었는데, 그가 바로 오나라 왕 합려闔閭이다. 이때 오왕 요의 아들 경기慶

는 국외로 도망가 복수의 기회를 엿보고 있었다.

합려는 매일 경기가 언제 복수의 칼을 들고 올지 몰라 두려워했다. 그러자 합려의 참모 오자서(伍子胥)가 자객을 보내 경기를 암살하겠다고 말했다. 이 말을 듣자 합려는 크게 기뻐했다.

오자서는 경기를 암살할 자객을 물색한 끝에 지혜와 용맹을 겸비한 요리(要離)라는 자를 뽑아 합려에게 선보였다. 합려는 요리를 보자 경기를 암살할 무슨 좋은 계책이 있냐고 묻자 요리가 말했다.

"이 일을 성사시키려면 제 팔을 자르고 제 아내를 죽여서 먼저 경기의 신임을 얻어야 합니다."

그러자 합려가 깜짝 놀라 말했다.

"무엇이? 팔을 자르라고? 그러면 한쪽 팔로 경기와 싸우겠다는 말인가? 그건 안 될 말이다."

하지만 요리는 거듭 그렇게 해주기를 간청했다.

"대왕께서 결심하지 않으시면 일을 성사시키기 어렵습니다."

그러자 합려는 눈물을 머금고 요리의 말에 따르기로 했다. 그 길로 궁중을 나온 요리는 만나는 사람마다 합려가 잔인하게 제왕을 죽이고 왕의 자리를 약탈했으며, 그것도 모자라 이제는 선왕의 아들까지 죽이려 한다며 떠벌리고 다녔다. 이 소문은 꼬리에 꼬리를 물고 번져나가 오나라 전체에 퍼지게 되었다.

때가 되었다고 판단한 합려는 요리를 잡아들이라고 명령했다. 곧 잡혀 온 요리는 합려에게 큰 소리로 거침없이 욕을 했고, 합려는 성을 참지 못하는 것처럼 가장하고 무사를 시켜 요리의 오른쪽 팔을 베게한 뒤 감옥에 가뒀다. 그리고 오자서는 요리가 감옥에서 탈출하기 쉽도록 몰래 준비를 시켰다. 한편 합려는 요리의 부인을 잡아 거리에서 처형시킨 뒤 시체를 불태웠다. 그러자 이 사건은 온 나라를 뒤흔들었고 삽시간에 이웃 나라에까지 알려지게 되었다.

그때를 맞춰 요리는 계획대로 오나라에서 탈출해 경기에게 달려갔다. 요리는 경기 앞에서 통곡하며 합려가 자기를 학대한 일을 말하고 경기를 받들어 오나라를 쳐 원수를 갚고 싶다고 했다. 경기는 처음에는 요리를 의심했으나 사람을 보내 그 진위를 살펴본 후 신

임하게 되었다.

그 후 요리는 경기의 말이라면 무조건 순종하여 경기의 오른팔이 되었다. 그리고 지금이라도 당장 오나라로 쳐들어가 원수를 갚자고 경기를 부추겼다. 이에 힘을 얻은 경기는 마침내 때가 왔다고 여겨 군대를 출병시켰다. 경기는 친히 병사를 거느리고 진격했으며, 요리는 참모의 자격으로 경기의 옆에 섰다. 마침내 자기의 임무를 수행할 때가 왔다고 생각한 요리는 좌우에 아무도 없을 때를 틈타 재빨리 단검을 꺼내 경기를 찔러 죽였다. 그리고 곧바로 자신도 배를 찔러 자결하고 말았다.

原文

원문

손자병법

# 計

---

계

孫子曰 兵者 國之大事. 死生之地 存亡之道 不可不察也.

손자가 말하길 전쟁이란 나라의 중대한 일이다. 사람들이 죽고 사는 일이고 나라가 존속하고 망하는 갈림길이 되는 것이니 세심하게 살피지 않으면 안 된다.

故經之以五事 校之以七計 而索其情.

一曰道 二曰天 三曰地 四曰將 五曰法.

우선 나와 상대방의 우열을 분석하고 이길 수 있는지 없는지를 정확하게 탐색하고 분간해야 한다. 이때 판단의 기준으로 삼을 것은 첫째, 지도자의 도, 둘째, 기상 조건, 셋째, 지형 조건, 넷째, 지휘하는 장군의 능력, 다섯째는 법의 제도 등 5가지 조건이다.

道者 令民與上同意也 故可與之死 可與之生 而不畏危也.

지도자의 도는 백성들로 하여금 임금과 뜻을 같이하도록 하는 것이다. 그러므로 지도자가 어떻게 하느냐에 따라 백성들이 그를 위해 죽을 수도 있고, 살 수도 있으며, 위험을 두려워하지 않을 수도 있는 것이다.

天者 陰陽.

寒暑 時制也.

地者 遠近.

險易 廣狹 死生也.

하늘의 기상조건이란 흐리고, 맑고, 춥고, 더운 계절의 변화를 제어하는 능력이다. 지형조건이란 멀고 가까운 곳, 험하고 평탄한 곳, 넓고 협소한 곳, 죽는 곳과 사는 곳을 아는 것이다.

將者 智·信·仁·勇·嚴也.

法者 曲制 官道 主用也.

장군의 능력은 지혜와 신용, 인간애와 용기 그리고 엄격함에 있다. 법이란 군대의 편제와 군의 직제와 군비 보급을 말한다.

凡此五者 將莫不聞 知之者勝 不知者不勝.

故校之以七計 而索其情.

이상의 다섯 가지는 장군이라면 듣지 못한 이가 없을 것이다. 따라서 이를 잘 알아차리는 자는 승리할 것이고, 모르는 자는 패할 것이다. 그러므로 이 일곱 가지 계책을 비교하여 피아간의 정밀한 탐색이 필요한 것이다.

曰. 主孰有道 將孰有能 天地孰得 法令孰行 兵衆孰强

士卒孰鍊 賞罰孰明 吾以此知勝負矣.

임금의 능력은 어느 편이 더 유능한가? 장군의 능력은 어느 편이 더 숙련되어 있는가? 하늘의 기상과 땅의 지형조건은 어느 편에 더 이득이 있는가? 법령과 조직체계를 어느 편이 더 잘 운용하는가? 병사들의 수와 무기는 어느 편이 더 강한가? 장교와 병사의 훈련은 어느 편이 더 잘되어 있는가? 상과 벌은 어느 편이 더 분명한가? 나는 이러한 것들을 알고 있으므로 미리 승부를 알 수 있다.

將聽吾計 用之必勝 留之.
將不聽吾計 用之必敗 去之.

장수가 나의 계책을 잘 알아듣고 행하면 반드시 이길 것이니, 그러면 그를 유임시킬 것이다. 장수가 나의 계책에 따르지 않으면 반드시 패할 것이니, 그러면 그를 면직시킬 것이다.

計利以聽 乃為之勢 以佐其外.
勢者 因利而制權也.

세운 계책이 유리하고 장수가 이를 잘 따르면 유리한 세력을 만들 수 있게 될 것이며 그 외의 상황도 나아질 것이다. 아군에게 유리한 형세란 이득을 얻기 위해 얼마나 나를 유연하게 통제할 수 있느냐는 것이다.

兵者 詭道也.
故能而示之不能 用而示之不用 近而視之遠 遠而示之近.

전쟁이란 궤도, 즉 속이는 것이다. 그러므로 내 능력이 있다 해도 무능한 것처럼 보이고, 군대를 잘 부리면서도 못 부리는 것처럼 하며, 가까운 곳이 보고 싶으면 먼 곳을 보는 척하고 먼 곳을 보고 싶으면 가까운 곳을 보는 척하여 적을 속여야 한다.

利而誘之 亂而取之 實而備之 强而避之 怒而撓之 卑而驕之.

적이 유리한 입장이면 다른 곳으로 유인하고, 적이 혼란하면 공격하여 점령한다. 상대가 성실해 보이면 나는 대비를 잘하고, 상대가 강하면 피한다. 상대가 분노하면 부추기고, 나를 낮추어서 적이 교만해지도록 만든다.

佚而勞之 親而離之.

攻其無備 出其不意 此兵家之勝 不可先傳也.

적이 편안하면 피로하게 만들고, 연합국과 친밀하게 관계를 맺고 있으면 분열시킨다. 적이 무방비 상태로 있을 때는 공격하고, 적의 허점이 보일 경우에는 불시에 출병한다. 이것이 전쟁에서 승리하는 비결이니 먼저 이것이 적에게 전해져서는 안 된다.


夫未戰而廟算勝者 得算多也.

未戰而廟算不勝者 得算少也.

무릇 싸우기도 전에 전략회의를 하여 승리를 거두는 것은 전략이 훌륭했기 때문이며, 싸우기도 전에 전략회의를 하여 승리를 거두지 못하는 것은 전략이 졸렬했기 때문이다.


多算勝 少算不勝 而況於無算乎.

吾以此觀之 勝負見矣.

전략이 훌륭하면 이기고, 전략이 졸렬하면 패하는데 하물며 전략을 세우지도 않았다면 어찌하겠는가? 나는 이러한 것들을 관찰하여 승부를 미리 예견할 수 있다.

作
戰
―――
작
전


凡用兵之法 馳車千駟 革車千乘 帶甲十萬 千里饋糧 則內外之費.

賓客之用 膠漆之材 車甲之奉 日費千金 然後十萬之師擧矣.

군대를 운용하는 법은 치거馳車, 전투용 전차 천 대, 혁거革車, 보급용 수레 천 대, 갑옷
입은 병사 십만, 그리고 천릿길에 식량을 수송할 수 있어야 한다. 또한 나라 안
팎에 쓰이는 비용과 국빈에게 사용되는 돈, 활과 화살, 갑옷과 투구를 만드는
데 쓰이는 아교와 옻칠 등의 재료비, 수레와 갑옷 등을 만드는 데 드는 비용 등
하루에 천금의 비용이 소비된다. 이렇게 준비한 뒤에야 십만의 군사를 일으킬
수 있는 것이다.


其用戰也貴勝 久則鈍兵挫銳 攻城則力屈 久暴師則國用不足

군대를 이용하여 전쟁을 할 때는 빠른 승리처럼 귀중한 것이 없다. 전쟁이 오래
지속되면 병사가 둔해지고 예기가 꺾이고, 성을 공격하면 아군의 힘이 소진된
다. 오랫동안 군사를 비갈으로 노출시키면 국가의 재정이 부족해진다.


270

夫鈍兵挫銳 屈力殫貨 則諸侯乘其弊而起 雖有智者 不能善其後矣.

故兵聞拙速 未睹巧之久也.

군대가 둔해지고 사기가 꺾여서 전투력이 소진되고, 재화가 파탄지경에 이르면 다른 제후들이 그 폐단에 편승하여 공격하게 된다. 그러므로 비록 지혜로운 사람이 있더라도 그 뒤처리를 하기에 불가능하다. 그러한 까닭에 군대를 운용하는 일은 졸속으로 빨리 끝내야 한다는 말은 들어보았지만 기교를 가지고 오래 끌어야 좋다는 말은 들어본 적이 없다.


夫兵久而國利者 未之有也.

故不盡知用兵之害者 則不能盡知用兵之利也.

무릇 군대를 오래 동원하여 전쟁을 하는데도 이로웠던 적은 아직 없었다. 그러므로 전쟁의 피해를 다 알지 못하는 자는 전쟁의 이익도 다 알지 못할 것이다.


善用兵者 役不再籍 糧不三載 取用於國 因糧於敵 故軍食可足也.

군대를 능숙하게 운용하는 자는 한 번 징집을 한 사람을 다시 징집하지 않으며, 군량미도 세 번 수송하지 않는다. 그는 적국에 진입하여 군용물자를 취하게 할 뿐인데, 다시 말하면 적에게서 식량을 빼앗아 사용한다. 그리하여 군대의 식량을 풍족하게 만든다.


國之貧於師者遠輸 遠輸則百姓貧.

近於師者貴賣 貴賣則百姓財竭 財竭則急於丘役.

전쟁을 할 때는 전체적으로 나라가 가난에 쪼들리게 되는데, 이는 물자를 멀리까지 수송하기 때문이다. 바로 이러한 이유 때문에 백성들이 빈곤해지는 것이다. 또한 군대가 주둔해 있는 근방에서는 매매가 빈번하지 않아 물가가 올라가게 된다. 그리되면 백성들의 재산이 고갈되고, 재산이 고갈되면 군역의 부담이 급증하게 된다.

力屈財殫 中原內虛於家.
百姓之費 十去其七 公家之費 破軍罷馬

군대의 힘이 소모되고 재정이 파탄나게 되면 자국 내 가계의 재정이 허물어지고, 백성들은 물자를 10분의 7까지 빼앗기게 된다. 그리고 공공자금의 비용도 증가하여 군수물자가 파괴되고 병사들의 피로도 가중된다.

甲冑矢弩 戟盾蔽櫓 丘牛大車 十去其六.

그리하여 갑옷과 화살, 방패와 전차 등의 전쟁물자가 10분의 6까지 손실을 입게 된다.

故智將務食於敵 食敵一鐘 當吾二十鐘.

따라서 지혜로운 장군은 적으로부터 식량을 찾아 먹는다. 적군의 식량 1종을 먹는 것은 아군의 식량 20종에 해당한다.

故殺敵者 怒也 取敵之利者 貨也.
故車戰 得車十乘已上 賞其先得者.

그러므로 적을 죽이려면 분노를 불러일으켜야 하며 적의 물자를 취득해 이득을 얻고자 하는 사람에게는 빼앗은 재화를 분배해 주어야 한다. 이런 까닭으로 전차전에서 적의 전차 10대 이상을 획득하게 되면 가장 먼저 수레를 빼앗은 자에게 상을 주어야 한다.

而更其旌旗 車雜而乘之 卒善而養之 是謂勝敵而益强.

빼앗은 적의 깃발은 아군의 깃발로 바꾸고 빼앗은 전차는 아군의 군대에 혼합 편성하여 아군이 이용하며 붙잡힌 적의 사병들은 잘 대해준다. 이것이 바로 적에게 승리를 거둔 뒤 나를 강하게 하는 방법이다.

故兵貴勝 不貴久.
故知兵之將 民之司命 國家安危之主也.

그러므로 전쟁은 속전속결로 이기는 것이 중요한 것이지 시간을 오래 끄는 것은 좋지 않은 것이다. 또한 군대를 잘 운용하는 장군은 백성들의 생명을 책임지고, 국가의 안위를 주관하는 사람이 되는 것이다.

謀
攻
——

모
공

凡用兵之法 全國爲上 破國次之 全軍爲上 破軍次之.

무릇 모든 전쟁의 방법은 적국을 온전하게 놓아둔 채 이기는 것이 최상이고, 모조리 적을 파괴하여 이기는 것은 차선이다. 마찬가지로 적의 군사들을 온전하게 놓아둔 채로 이기는 것이 가장 좋은 방법이고, 적군을 격파하여 이기는 것은 차선책이다.

全旅爲上 破旅次之 全卒爲上 破卒次之 全伍爲上 破伍次之.

여단 규모의 적군과 맞붙을 때도 싸우지 않고 이기는 것이 가장 좋은 방법이고, 적군을 돌파하여 이기는 것은 차선책이다. 또한 병졸 규모의 적군과 싸울 때도 싸우지 않고 완전하게 이기는 것이 가장 좋은 방법이고, 적의 병졸들을 격파하여 이기는 것은 차선책이다. 오 단위의 소규모 부대와 싸울 때도 싸우지 않고 이기는 것이 가장 좋은 방법이고 적의 오 단위 부대를 격파하여 이기는 것은 차선책이다.

是故百戰百勝 非善之善者也 不戰而屈人之兵 善之善者也.

그러므로 백 번 싸워 백 번 이기는 것은 최선책 중의 최선책이라고 볼 수는 없다. 전쟁을 하지 않고 적을 굴복시키는 것이야말로 최선책 중의 최선책이다.

故上兵伐謀 其次伐交 其次伐兵 其下攻城.

따라서 최상의 병법은 적의 계략을 미리 알아채서 그들의 의도를 봉쇄하는 것이고, 차선책은 적의 외교를 봉쇄하는 것이다. 그다음 방법은 적의 군대를 직접 공격하여 봉쇄하는 것이며, 가장 하위의 방법은 적의 성을 공격하여 아군의 피해가 생기는 것이다.

攻城之法 爲不得已.
修櫓轒轀 具器械 三月而後成 距闉 又三月而後已.

성을 공격하는 것은 부득이할 경우에 사용하는 방법이다. 큰 방패와 전차 등의 전쟁 무기를 제조하고 기계 따위를 구비하는 데는 삼 개월이 걸린 후에야 이루어질 수 있다. 또한 적을 공격하기 위한 흙산을 만드는 데 다시 삼 개월이 걸린다.

將不勝其忿 而蟻附之 殺士三分之一 而城不拔者 此攻之災也.

장수가 분노를 이기지 못하고 병사들을 개미처럼 성벽에 달라붙어 공격하게 한다면, 아군 병사 3분의 1을 희생하고도 성을 빼앗지 못한다. 이것은 무모하게 공격함으로써 맞이하는 재앙이다.

故善用兵者 屈人之兵 而非戰也.
拔人之城 而非攻也.

그러므로 용병을 잘하는 사람은 적군과 맞붙어 싸우지 않고 적을 굴복시키되 적의 성을 공격하지 않고도 빼앗는다.

毀人之國 而非久也 必以全爭於天下.

故兵不頓 而利可全 此謀攻之法也.

그리고 그러한 사람은 적국을 무너뜨릴 때도 시간을 오래 끌지 않고 반드시 온전하게 천하를 얻는다. 따라서 아군에게 손상을 입히지 않고도 완전한 승리를 얻게 되는데, 바로 이것이 공격을 꾀하는 방법이다.

故用兵之法 十則圍之 五則攻之 倍則分之

그러므로 지혜로운 용병의 방법은 아군이 적의 열 배가 되면 포위하고, 아군이 적의 다섯 배이면 공격하고, 아군이 적의 두 배이면 병력을 분리하여 공격한다.

敵則能戰之 少則能逃之 不若則能避之.

故小敵之堅 大敵之擒也.

적보다 아군의 능력이 우세하면 전쟁을 벌여도 되지만 적보다 능력이 모자란다면 도망가는 것이 상책이다. 그리하여 아군이 적보다 능력이 열세한 상태라면 피해야 한다. 그러므로 약한 군대가 적을 맞아 견고하게 수비를 한다면 강한 적에게 포로가 되고 만다.

夫將者 國之輔也.

輔周則國必強 輔隙則國必弱.

故君之所以患於軍者三.

무릇 장군은 나라를 보호하는 사람이다. 나라를 보호하여 군주와 친밀하다면 국가는 분명히 강해진다. 그러나 군주와 틈이 생긴다면 그 나라는 반드시 약해진다. 그러므로 군주가 군대에 환난을 가져오는 경우가 세 가지 있다.

不知軍之不可以進而謂之進 不知軍之不可以退而謂之退.
是爲縻軍.

우선 군대의 진격이 불가능하다는 사실을 모른 채 돌진하라는 명령을 내리는 것이고, 그다음으로 군대의 퇴각이 불가능하다는 사실을 모르면서 후퇴를 명령하는 것이다. 이것을 '코 꿰인 군대'라고 한다.

不知三軍之事 而同三軍之政者 則軍士惑矣.
不知三軍之權 而同三軍之任 則軍士疑矣.

군주가 삼군의 사정도 모르면서 군대의 행정에 간섭하게 되면 곧바로 군사들로부터 의혹을 살 것이다. 또한 군주가 군대의 사정도 모르면서 군대의 지휘권에 간섭하게 되면 곧바로 군사들로부터 의심을 살 것이다.

三軍旣惑且疑 則諸侯之難至矣 是謂亂軍引勝.

이처럼 군대에 회의와 의혹이 있다면 즉시 이웃 제후들이 침략하는 난을 겪게 될 것이다. 이러한 상황은 아군을 혼란하게 만들고 적에게 승리를 안겨주는 원인이 된다.

故知勝有五 知可以戰與不可以戰者勝 識衆寡之用者勝.

그러므로 승리를 예견할 수 있는 다섯 가지가 있다. 첫째, 지금 전쟁을 해야 하는지 해서는 안 되는지를 아는 자는 승리한다. 둘째, 식견을 가지고 상황에 따라 대규모나 소규모의 부대를 운용할 줄 아는 자는 승리한다.

上下同欲者勝 以虞待不虞者勝 將能而君不御者勝.
此五者 知勝之道也.

셋째, 장군과 병사 상하 간에 동일한 욕망을 가지고 있다면 승리한다. 넷째, 준비된 상태에서 미리 헤아리지 못한 적과 대적하면 승리한다. 마지막으로, 장군의 능력이 뛰어나 군주가 통제하려 하지 않으면 승리한다. 이 다섯 가지가 승리를 예측하는 방법이다.

故曰.

知波知己 百戰不殆 不知波而知己

一勝一負 不知波不知己 每戰必殆.

그러므로 적을 알고 나를 알면 백 번 싸워도 위태롭지 않으며, 적의 상황을 모르고 나의 상황만 알고 있다면 한 번은 승리하고 한 번은 패배한다. 반면 적의 상황을 모르고 나의 상황도 모르면 매번 전쟁을 할 때마다 반드시 위태로워진다.

軍
形
─
─
군
형


昔之善戰者 先爲不可勝 以待敵之可勝.

不可勝在己 可勝在敵.

옛날에 전쟁을 잘하던 장군은 먼저 자신을 적이 이길 수 없도록 만들어 놓고서 적을 이길 수 있을 때까지 기다렸다. 적이 자신을 이길 수 없는 진용을 만들어 놓고, 적을 이길 수 있도록 만들었던 것이다.


故善戰者 能爲不可勝 不能使敵必可勝.

그러므로 전쟁을 잘하는 사람도 적군이 승리하지 못하도록 할 수는 있지만, 적에게서 승리가 가능한 상황을 구하기는 여간 어려운 일이 아니다.


故曰.

勝可知而不可爲.

不可勝者守也. 可勝者攻也.

그러므로 승리를 예견할 수는 있지만, 승리를 장담할 수는 없는 일이다. 승리가 어렵다고 판단되면 수비를 해야 한다. 그러다가 승리가 가능하면 공격해야 한다.

守則不足 攻則有餘. 善守者 藏於九地之下.

善攻者 動於九天之上. 故能自保而全勝也.

수비는 전력이 부족할 때 하는 것이고 공격은 전력이 남아돌 때 하는 것이다. 수비를 잘하는 자는 깊은 땅속에 잠긴 듯 지형을 이용하여 적을 막아내고, 공격을 잘하는 자는 높은 하늘 위에서 움직이는 듯 다양한 기상조건을 이용한다. 그러므로 자신을 보호하면서 완전한 승리를 한다.

見勝不過衆人之所知 非善之善者也.

戰勝而天下曰善. 非善之善者也.

승리를 예측하는 능력이 여러 사람들이 알고 있는 수준에 불과하다면 그것은 가장 최선이라고 할 수 없다. 전쟁에서 승리한 것을 두고 천하 모든 사람들의 칭송이 자자하다면 이 역시 최선이라고 할 수 없다.

故擧秋毫不爲多力.

見日月不爲明目.

聞雷霆不爲聰耳.

그러므로 가벼운 털을 들고 힘이 세다고 말하지 않는 법이며, 밝게 빛나는 해와 달을 보는 눈을 밝은 눈이라 하지 않는다. 또한 우레처럼 큰 소리를 듣는 귀를 총명한 귀라고 하지 않는 법이다.

古之所謂善戰者 勝于易勝者也.

故善戰之勝也. 無智名. 無勇功. 故其戰勝不忒.

예부터 전쟁을 잘하는 자는 쉽게 이길 수 있는 적과 싸워 이겼다. 그러므로 전쟁을 잘하는 자가 승리를 거두는 것은 지략이나 명성에서 나오는 것이 아니며, 용맹이나 공적에서 나온 것이라고 말할 수 없다. 그러므로 그러한 전쟁에서 승리하는 일은 한 치의 착오도 없게 된다.

不忒者 其所措必勝 勝已敗者也.

故善戰者 立於不敗之地 而不失敵之敗也.

착오가 없다는 것은 그 착오에 대하여 미리 조치를 해두어 필히 승리할 상황을
만들어 놓고 이미 패배할 수밖에 없는 적을 상대하여 승리한 것을 말하는 것이
다. 따라서 전쟁을 잘하는 자는 패하지 않을 위치에 서 있으면서 적의 패배는
놓치지 않는 것이다.

是故 勝兵 先勝而後求戰.

敗兵 先戰而後求勝.

善用兵者 修道而保法 故能爲勝敗之政.

그러므로 승리하는 군대는 먼저 승리할 수 있는 상황을 만들어 놓은 후에 전쟁
을 한다. 패배하는 군대는 먼저 전쟁을 일으키고 난 뒤에 승리하려고 애쓴다.
용병을 잘하는 자는 승리의 도를 닦고, 승리의 법과 제도를 잘 보전하기에 승패
를 다스릴 수 있는 능력이 생긴다.

兵法一曰度

二曰量 三曰數 四曰稱 五曰勝. 地生度

度生量 量生數 數生稱 稱生勝.

병법의 다섯 가지 요소는 첫째, 국토의 넓이, 둘째는 생산량이며, 셋째는 병력
의 수, 넷째는 전력의 우열, 다섯째는 승리이다. 지형에서 국토의 넓이가 생기
고, 국토의 넓이에서 생산량이 생기며 생산량에서 병력의 수가 생기고, 병력 수
에서 전력의 우위가 결정된다. 그리고 전력의 우위에 의해서 승리가 결정되는
것이다.

故勝兵 若以鎰稱銖 敗兵 若以銖稱鎰.

勝者之戰民也 若決積水於千仞之谿者 形也.

그러므로 승리하는 군대는 무거운 천칭으로 가벼운 저울추를 상대하는 것과 같다. 반대로 패배하는 군대는 가벼운 저울추로 무거운 천칭을 상대하는 것과 같다. 승자의 전쟁은 마치 천 길 높이의 계곡에 가두어 놓았던 물을 터뜨리는 것과 같다. 이것이 군형이다.

兵
勢

―――

병
세


凡治衆如治寡 分數是也.

鬪衆如鬪寡 形名是也

대규모의 병력을 소규모 병력을 통치하듯 하려면 병력수를 분리해야 한다. 대규
모 병력이 전투를 할 때 적은 병력의 싸움처럼 하게 하려면 깃발과 같은 신호나
악기 소리 같은 것으로 군대를 효율적으로 지휘하는 것이 중요하다.


三軍之衆 可使必受敵而無敗者

奇正是也 兵之所加 如以碬投卵者 虛實是也.

대규모 군대를 통솔하던 중 적의 기습공격을 당하더라도 패배하지 않으려면
기이한 변칙전술과 정석의 병술을 조화롭게 운용하는 데 달려있다. 군대가 공
격할 때는 마치 숫돌로 계란을 부수듯이 적의 허와 실을 잘 알고 있어야 한다.


凡戰者 以正合 以奇勝.

故善出奇者 無窮如天地 不竭如江河.

무릇 모든 전쟁은 정석을 원칙으로 맞붙어 싸우고, 기술적인 변칙을 사용하여

승리하는 것이다. 그러므로 변칙 운용을 잘하는 군대는 변화무쌍함이 하늘과 땅 같고, 강이나 바다처럼 마르지 않는다.

終而復始 日月是也.
死而復生 四時是也.

끝났다가 다시 시작하는 것이 해와 달이 뜨고 지는 것과 같으며, 죽었다가 다시 살아나는 것이 사계절의 변화와 같다.

聲不過五 五聲之變
不可勝聽也 色不過五 五色之變 不可勝觀也.

소리의 기본은 다섯 가지에 불과하다. 그렇지만 이 다섯 가지 소리의 변화는 이루 다 듣기가 어렵다. 색의 기본 역시 다섯 가지에 불과하지만, 이것들이 변하면서 나타내는 색은 이루 다 관찰하기가 어렵다.

味不過五 五味之變 不可勝嘗也.
戰勢不過奇正 奇正之變 不可勝窮也.

미각의 기본도 다섯 가지에 불과하지만, 이것들이 변하여 나타내는 맛을 모두 맛보는 것은 불가능하다. 이처럼 전술도 원칙과 변칙의 두 가지에 불과하지만, 기이한 변칙이 이런저런 변화를 보이면 모든 것을 알아채기가 여간 어려운 게 아니다.

奇正相生 如循環之無端 孰能窮之哉.

기이한 변화와 정석은 서로 생동하여 순환하는 것이니, 이 두 가지는 단절되어 있는 것이 아니다. 어느 누가 능숙하게 그 모든 것을 연구해낼 것인가!

激水之疾 至於漂石者 勢也.

鷙鳥之疾 至於毁折者 節也.

세찬 물의 빠른 흐름이 돌까지도 떠내려가게 하는 것이 바로 기세이다. 빠른 매가 질풍처럼 날아와 짐승을 채가는 것이 절도이다.

是故善戰者 其勢險 其節短.

勢如彍弩 節如發機. 勢如彍

이런 까닭에 전쟁을 잘하는 자는 기세가 험하고 그 절도가 짧다. 그 기세는 잡아당긴 활과 같고 그 절도는 시위를 떠난 화살과 같다.

紛紛紜紜 鬪亂而不可亂也.

渾渾沌沌 形圓而不可敗也.

이리 엉키고 저리 엉키며 어지럽게 싸운다 하더라도 아군은 혼란스럽지 않다. 혼란스러워 적의 진형에 포위되었다 하더라도 패하지 않는다.

亂生於治 怯生於勇 弱生於强.

治亂 數也.

勇怯 勢也. 强弱 形也.

혼란스러움은 다스림에서 비롯되며, 비겁함은 용기에서 생긴다. 또한 약함은 강함에서 발생하는 것이다. 혼란스러움과 정돈됨은 병력의 적절한 편성에 달려 있다. 용맹과 비겁을 결정하는 것은 기세이고, 막강함과 나약함을 결정하는 것은 진형이다.

故善動敵者 形之 敵必從之.

予之 敵必取之.

以利動之 以卒待之.

그러므로 적을 잘 선동하는 자는 진형을 잘 이용해 적이 기꺼이 아군을 따르도록 만든다. 적이 기꺼이 미끼를 탈취하게 만들고 이득을 얻기 위해 적병이 움직이면 아군의 병졸로써 대적하면 된다.

故善戰者 求之於勢 不責之於人 故能擇人而任勢.

任勢者 其戰人也 如轉木石

따라서 전쟁을 잘하는 자는 싸움터에서 승리를 구하지 병사들을 문책하지 않는다. 그렇기 때문에 능력 있는 자를 택하여 장수로 임명하고 그에게 병세兵勢를 맡겨야 한다. 병세를 잘 조정하는 자는 전쟁을 할 때 병사들을 나무나 돌을 굴리는 것처럼 한다.

木石之性 安則靜 危則動 方則止 圓則行.

故善戰人之勢 如轉圓石於千仞之山者 勢也.

나무나 돌은 편안한 곳에서는 정숙하고 위태로운 곳에서는 움직이는 성질을 갖고 있다. 네모난 것은 정지하고 원형의 것은 굴러간다. 그러므로 병세를 만들어 전쟁을 잘하는 자는 원형의 돌을 천 길 높이의 산에서 회전시키는 것과 같다. 이것을 병세라 한다.

虛
實
———
**허**
**실**

凡先處戰地而待敵者佚 後處戰地而趨戰者勞.

故善戰者 致人而不致於人.

전쟁터에서 좋은 지형을 먼저 점하여 적군을 상대하는 군대는 편안하다. 반면 나중에 도착하여 좋은 거점을 놓친 군대는 피곤할 뿐이다. 그러므로 전쟁을 잘 하는 자는 적을 자기 의도대로 불러들이며 적의 의도대로 끌려다니지 않는다.

能使敵人自至者 利之也.

能使敵人不得至者 害之也.

故敵佚能勞之 飽能飢之 安能動之.

적군으로 하여금 스스로 바라는 곳으로 오도록 하려면 그들에게 이로운 미끼를 던져 유인하면 된다. 또한 적군을 내 쪽으로 오지 못하게 하려면 이리로 오는 것이 손해라고 생각하게 만들어야 한다. 그러므로 적이 쉬려고 하면 피로하게 만들고 배부르면 배고프게 만들어야 하며, 적이 편안히 있다면 쉬지 않고 움직이도록 만들어야 한다.

出其所不趨 趨其所不意.

行千里而不勞者 行於無人之地也.

적이 수비하지 않는 곳으로 가서 공격하고 그들이 예상하지 못하는 곳을 공격해야 한다. 천릿길을 가도 힘들지 않은 것은 적이 하나도 없는 곳을 통과하기 때문이다.


攻而必取者 攻其所不守也.

守而必固者 守其所不攻也.

적군을 공격하여 반드시 탈취할 수 있는 것은 적이 지키지 않는 곳을 공격하기 때문이다. 지키면 반드시 견고하게 되는 것은 적이 공격할 수 없는 곳을 방비하기 때문이다.


故善攻者 敵不知其所守.

善守者 敵不知其所攻.

그러므로 공격을 잘하는 자는 적군이 수비해야 할 장소를 알지 못하게 하고, 수비를 잘하는 자는 적군이 공격해야 할 장소를 알지 못하게 한다.


微乎微乎 至於無形 神乎神乎 至於無聲.

故能爲敵之司命.

미묘하고도 미묘하여 형태가 없는 지경에 이르며 신묘하고도 신묘하여 소리가 없는 지경에 이른다. 그러므로 적의 생명을 관장하는 자와 같은 입장이 될 수 있는 것이다. 즉, 이런 것이 가능해야만 적의 생명을 주관할 수 있게 된다.

進而不可御者 沖其虛也.

退而不可追者 速而不可及也.

아군이 진격할 때 적이 방어하지 못하는 것은 적의 허한 곳을 공격했기 때문이요, 아군이 후퇴할 때 적이 추격하지 못하는 것은 아군의 후퇴 속도가 빨라서 그들이 추격할 수 없기 때문이다.


故我欲戰 敵雖高壘深溝 不得不與我戰者 攻其所必救也.

그러므로 내가 싸우고자 하는 욕심이 있다면 적이 비록 높은 누각을 쌓고 깊은 구덩이를 파고 방비를 철저하게 한다 하더라도 어쩔 수 없이 나와서 싸울 수밖에 없으니, 그것은 반드시 적이 출병하여 구하지 않으면 안 될 곳을 공격하기 때문이다.


我不欲戰 雖劃地而守之 敵不得與我戰者 乖其所之也.

아군이 전투를 할 욕심이 없으면 비록 땅바닥에 금을 그어놓고 그곳을 지키고 있다 하더라도 적군이 나에게 싸움을 걸어오지 못하게 되는데, 그것은 그들의 공격이 어긋나리라고 여겨지기 때문이다.


故形人而我無形 則我專而敵分.

我專爲一 敵分爲十 是以十攻其一也.

그러므로 적의 진형은 드러나게 하고 아군의 진형은 보이지 않도록 해야 한다. 다시 말해 아군의 역량을 모두 한곳에 집중할 수 있게 만들면 적의 세력은 분산될 수밖에 없다. 그리하여 아군의 세력을 모두 한곳으로 집중하고 적군의 세력은 열 곳으로 분산시킨다면 열 개의 힘으로 적의 한곳을 공격하는 상황이 되는 것이다.

즉, 아군은 수가 많고 적군은 적어지게 되니, 이렇듯 많은 수의 아군으로 적은 수의 적군을 공격하면 그들은 곤경에 처하게 된다.

아군이 공격할 장소를 적이 모르도록 해야 한다. 적이 알지 못하면 그들이 대비해야 할 장소가 많아지게 되고, 그렇게 되면 아군이 싸울 적병의 수가 적어지게 되는 것이다.

그러므로 앞쪽을 집중적으로 수비하면 뒤쪽 병력이 적어지고, 뒤쪽을 집중적으로 수비하면 앞쪽의 병력이 적어진다. 마찬가지로 왼쪽을 지키면 오른쪽이 적어지고, 오른쪽을 지키면 왼쪽이 적어진다.

또 어느 곳이나 모두를 지키면 모든 곳의 병력이 부족하게 된다. 병력이 적어지는 것은 상대방에 따라 대비하기 때문이다. 병력이 많아지는 것은 상대방으로 하여금 자기를 따라 대비하도록 만들기 때문이다.

그러므로 전쟁을 하게 될 지형과 기상 상태를 잘 알고 있는 사람은 천 리나 떨어진 먼 거리에 나가서도 싸울 수가 있다. 반대로 이런 것을 잘 알지 못하는 자는 왼쪽에서 오른쪽을 구할 수 없고, 오른쪽에서 왼쪽을 구하는 것이 불가능하다.

前不能救後 後不能救前 而況遠者數十里 近者數里乎.

앞쪽에서 뒤쪽을 구하는 것이 불가능하고 뒤에서 앞쪽을 구하는 것은 불가능하다. 상황이 이러하면 멀리는 수십 리 가깝게는 몇 리 밖에 떨어져 있는 부대를 지원할 수 없다.

以吾度之 越人之兵雖多 亦奚益於勝敗哉.

故曰勝可爲也.

敵雖衆 可使無鬪.

이런 여러 가지 상황을 아군의 입장에서 헤아려 보면, 월나라 병사의 수가 많다고는 하지만 전쟁의 승패에 아무런 이로움도 없게 된다. 그러므로 '승리란 만들 수 있는 것'이라고 말하는 것이다. 비록 적군의 수가 많다고는 하나, 그들의 대부분을 싸움에 참여하지 못하게 할 수가 있는 것이다.

故策之而知得失之計 作之而知動靜之理

形之而知死生之地 角之而知有余不足之處.

그러므로 적의 정세를 헤아려 이해득실을 계산하고 소규모의 작전을 통하여 적의 동정을 살피며 아군의 진형을 이용하여 전쟁터의 지형을 살핀다. 그리고 적과 잠깐 겨루어봄으로써 적병의 방어가 강한 곳과 부족한 부분을 살핀다.

故形兵之極 至於無形 無形則深間不能窺 智者不能謀.

따라서 군대를 운영하는 극치는 무형의 경지에 이르는 것이다. 무형의 경지에 이르게 되면 적의 간첩도 실정을 들여다볼 수 없게 되고 뛰어난 지혜를 가진 자도 계책을 세울 수가 없게 된다.

因形而錯勝於衆 衆不能知

人皆知我所以勝之形 而莫知吾所以制勝之形.

이렇게 되면 적의 진형을 근거로 하여 승리를 하여도 병사들은 어떻게 이겼는지 알지 못하고, 장교들이라 하더라도 대충 아군이 승리했다는 정도는 알지만 어떻게 그 형세를 통제하여 승리하였는가에 대해서는 알지 못하게 된다.

故其戰勝不復 而應形於無窮.

그러므로 한 번 전쟁에서 승리한 방법을 다시 사용해서는 안 된다. 무궁한 형세의 변화를 끝없이 응용해야만 하는 것이다.

夫兵形象水 水之形避高而趨下.

兵之形 避實而擊虛.

水因地而制流, 兵因敵而制勝.

무릇 군대의 형세는 물과 같아야 한다. 물의 형세가 높은 지대를 피하여 낮은 곳으로 흘러가듯 군대의 형세도 적의 견실한 곳을 피하고 적의 허술한 곳을 공격해야 한다. 물은 땅으로 말미암아 그 흐름을 제어하고, 군대는 적의 상황에 따라 승리하는 방법을 제어함으로써 변화를 꾀해야 한다.

故兵無常勢 水無常形

能因敵變化而取勝者 謂之神.

그러므로 군대의 형세에는 일정한 형세가 없고, 물의 흐름에는 항상 일정한 형상이 없는 것이다. 그리하여 적이 변화하는 원인에 따라 나를 변화시켜서 승리를 쟁취하는 것을 이른바 '귀신 같은 군대'라고 이르는 것이다.

故五行無常勝 四時無常位 日有短長 月有死生.

따라서 오행에는 항상 이기는 것이 없고, 사계절에는 일정함이 없이 늘 순환하는 것이다. 해는 계절에 따라 짧고 길게 변하며, 달은 한 달을 주기로 하여 찼다가는 다시 기우는 것이다.

軍
爭
———
군
쟁

孫子曰 凡用兵之法 將受命於君
合軍聚衆 交和而舍 莫難於軍爭.

손자가 말하기를 무릇 군대를 운용하는 방법은 군주로부터 출격 명령을 받으면 장군이 군대를 집합시키고, 군사들을 모아서 서로 화합시켜 군영의 막사에 머물며 적과 대치해야 한다. 적보다 유리한 위치를 얻기 위해 경쟁하는 것보다 어려운 것은 없을 것이다.

軍爭之難者 以迂爲直 以患爲利.
故迂其途 而誘之以利 後人發 先人至 此知迂直之計者也.

군대의 경쟁이 어려운 것은 우회하면서 직진하는 효과를 만들어야 하고, 나의 환란을 이득으로 바꾸어야 하기 때문이다. 그러므로 길을 돌아감으로써 얻는 이득을 가지고 적을 유인해야 한다. 적보다 나중에 출발해도 유리한 곳을 먼저 선점할 수 있다면 계책을 제대로 아는 사람이라고 할 수 있다.

故軍爭爲利 軍爭爲危.

擧軍而爭利 則不及 委軍而爭利 則輜重捐.

그러므로 군대가 유리한 자리를 놓고 경쟁하는 것은 이로움을 위한 것이며 군사들의 싸움에는 위험이 따르는 법이다. 모든 군대를 거느리고 유리한 곳을 차지하기 위해 싸우는 것은 오히려 늦어질 수도 있다. 따라서 군대의 일부를 버리고 이로움을 다툰다면 수레와 관련된 부대가 버려질 것이다.


是故券甲而趨 日夜不處 倍道兼行

百里而爭利 則擒三將軍 勁者先 疲者後 其法十一而至.

그리하여 급하게 이동하고, 밤낮으로 평소의 두 배가 넘는 속도로 행군을 하여 백 리 이상의 먼 거리를 가서 적과 이로움을 다툰다면 삼군의 장군들이 모두 포로로 잡힐 정도로 참패할 것이다. 강한 병사는 먼저 도착하지만 지친 병사는 뒤쳐질 것이기 때문이다. 이러한 운용법을 쓰면 군사의 십 분의 일만 목적지에 도착하게 된다.


五十里而爭利 則蹶上將軍

其法半至 三十里而爭利 則三分之二至.

오십 리를 가서 적과 이로움을 다툰다면 상장군이 큰 위험에 빠지게 되고, 병사의 절반이 목적지에 도착하게 된다. 삼십 리를 가서 이로움을 다툰다면 삼 분의 이의 병사만이 목적지에 도착하게 된다.


是故軍無輜重則亡 無糧食則亡 無委積則亡.

그러므로 군대는 군수물자가 없으면 망하게 되고, 양식이 없어도 망하게 되며, 축적된 물자가 없어 도망한다.

故不知諸侯之謀者 不能豫交 不知山林

險阻 沮澤之形者 不能行軍.

따라서 여러 이웃 제후들의 책략을 모르는 자는 만약에 대비한 외교를 사전에
해두지 못한다. 산과 숲의 험난한 곳과 늪과 못이 있는 지형을 알지 못하는 자
는 병사들을 진군시킬 수 없다.


不用鄉導者 不能得地利.

故兵以詐立 以利動 以分合爲變者也.

지형을 잘 아는 길잡이를 이용하지 못한다면 지리적인 이득을 얻을 수 없다. 그
러므로 군대는 사기를 쳐서라도 적보다 우위에 서야 하고 이득이 있을 때에만
움직여야 한다. 군대를 분산시켰다가 집합시키는 것을 반복함으로써 변화를
일으켜야 하는 것이다.


故其疾如風 其徐如林 侵掠如火 不動如山 難知如陰 動如雷霆.

그리하여 군대 행동의 빠르기는 질풍과 같고, 더딘 움직임은 숲처럼 고요하며,
침략할 때의 행동은 불처럼 기세가 왕성하고, 움직이지 않을 때는 산처럼 진중
하며, 숨을 때는 어둠처럼 안 보이게, 움직일 때는 천둥번개처럼 거세어야 하는
것이다.


掠鄉分衆 廓地分利 懸權而動

先知迂直之計者勝 此軍爭之法也.

적에게서 약탈한 뇌획물은 병사에게 분배해 주고, 점령 지역을 확대하여 그 이
득을 나누어 주되, 이득은 저울질하여 공평하게 나누어 주어야 한다. 그리하여
우회와 직진의 장단점을 아는 자는 승리할 것이니, 이것이 전쟁의 방법이다.

軍政曰. 言不相聞 故爲鼓金 視不相見.

故爲旌旗. 夫金鼓旌旗者 所以一民之耳目也.

《군정》이란 병서에서 말하길, 전쟁터에서는 서로 말을 들을 수가 없기 때문에 신문고나 징 같은 것으로 신호를 주고받는다. 또한 눈으로도 서로를 볼 수 없기 때문에 깃발로 신호를 주고받는다. 이같은 북과 깃발 등은 모두 병사의 이목을 끌기 위해 사용되는 것이다.

人旣專一 則勇者不得獨進 怯者不得獨退 此用衆之法也.

사람들이 이미 한곳으로 통일되어 하나같이 움직이니 곧 용감한 자라도 홀로 진격하지 못하고 겁 많은 병사들이라도 홀로 물러나지 않는다. 이것이 군사들을 부리는 방법이다.

故夜戰多火鼓 晝戰多旌旗 所以變民之耳目也.

그러므로 야간 전투에서는 불과 북을 많이 쓰고 주간 전투에서는 깃발을 많이 쓴다. 이것은 병사들의 이목을 일치시키기 위한 방법이다.

故三軍可奪氣 將軍可奪心.

是故朝氣銳 晝氣惰 暮氣歸.

그리하여 많은 수의 적병이라 해도 기세를 탈취할 수 있고 적장의 심정을 빼앗을 수 있다. 그러므로 아침의 기세는 예리하고, 주간의 기세는 느슨하여 게을러지며, 저녁의 기세는 돌아가고만 싶어지는 것이다.

故善用兵者 避其銳氣 擊其惰歸 此治氣者也.

以治待亂 以靜待譁 此治心者也.

따라서 용병을 잘하는 자는 예리한 기세를 가진 적병을 피하고 느슨해져서 돌아갈 생각만 하는 적을 공격한다. 이것이 마음을 다스리는 것이다. 정비가 잘된 군대를 가지고 혼란한 군대를 대적하고, 정숙한 군대를 가지고 화급한 적병과 대적한다면, 이것이 심리전을 잘하는 것이다.

以近待遠 以佚待勞 以飽待飢 此治力者也.
無邀正正之旗 勿擊堂堂之陣 此治變者也.

가까이 움직임으로써 적이 멀리 움직이기를 기다리고 편안히 지냄으로써 수고롭기를 기다리고, 배부르게 지내면서 굶주림을 기다려야 한다. 이것이 힘을 다스리는 것이다. 질서정연하게 깃발을 세우고 오는 군대와는 싸우지 말아야 하며, 당당한 진영을 갖추고 있는 적은 공격하지 말아야 한다. 이것이 상황의 변화를 다스리는 것이다.

故用兵之法 高陵勿向 背丘勿逆 佯北勿從 銳卒勿攻.

그러므로 군대를 운용하는 방법은 높은 곳의 구릉에 있는 적을 향하여 공격하는 일은 자제해야 한다. 또한 언덕을 등진 군대에게도 공격을 가해서는 안 된다. 패배한 척하면서 도망가는 적은 추격하지 말아야 하고 정예부대도 공격하지 말아야 한다.

餌兵勿食 歸師勿遏 圍師必闕 窮寇勿迫 此用兵之法也.

미끼로 던지는 군사는 잡아먹지 말고, 본국으로 돌아가는 적은 가로막지 말며, 포위된 적에게는 한곳을 열어 놓고, 궁지에 몰린 적은 압박하지 말지니, 이것이 용병하는 방법이다.

凡用兵之法 將受命於君 合軍聚衆 圮地無舍
衢地合交 絕地無留 圍地則謀 死地則戰.

무릇 군대의 운용법은, 우선 장군이 군주의 명령을 받아 군대를 만들기 위해 병사를 모집한다. 그다음 군대의 막사는 무너지지 않는 지형에 설치하고, 사방이 트인 곳에서 외교관계를 잘 맺어둔다. 황무지에서는 오래 머물지 말고, 포위될 만한 지형에서는 어떻게 빠져나갈지 미리 계획해둔다. 사지에서는 죽을 결심을 하고 전투에 임해야 한다.

塗有所不由 軍有所不擊 城有所不攻
地有所不爭 君命有所不受.

길 중에도 가서는 안 되는 길이 있고, 군대 중에서도 공격해서는 안 되는 군대가 있으며, 성 중에서도 공격해서는 안 되는 성이 있다. 또한 지형에서도 다투어서는 안 되는 지형이 있고, 아무리 군주의 명이라 해도 받들어서는 안 되는 명령이 있다.

故將通於九變之利者 知用兵矣.

將不通於九變之利 雖知地形 能得地之利矣.

그러므로 장수가 구변의 이익에 통달하면 용병술을 알게 된다. 장수가 구변의
이익에 통달하지 못하면 비록 지형을 알더라도 땅의 이로움을 얻지 못한다.

治兵不知九變之術 雖知五利 能得人之用矣.

병사를 다스리는 데에 구변의 술수를 모른다면 비록 다섯 가지 이로움을 알아
도 사람을 잘 운영할 수 없다.

是故智者之慮 必雜於利害.

雜於利而務可信也.

雜於害而患可解也.

그러므로 지혜로운 장수는 여러 가지를 고려하여 판단한다. 반드시 이해관계
를 적절히 섞어서 운영해야 한다. 이로움 속에도 해가 섞여 있음을 분간할 수
있다면 신용을 얻게 될 것이고, 해로움 속에도 이로움이 섞여 있음을 분간할 수
있다면 환난을 해결할 수 있을 것이다.

是故屈諸侯者以害 役諸侯者以業 趨諸侯者以利.

그리하여 해로움을 이용하여 제후를 굴복시킬 수 있고, 일을 이용하여 제후들
을 노역시킬 수 있으며, 이로움을 이용하여 제후들을 유인할 수 있다.

故用兵之法 無恃其不來 恃吾有以待也.

無恃其不攻 恃吾有所不可攻也.

따라서 군대를 제대로 운용하는 법은 적이 오지 않으리라는 기대는 버리고 어
떤 적이 오더라도 대적할 수 있도록 자신의 힘을 키워야 한다. 적이 공격하지

않을 것을 믿을 게 아니라 어떠한 적이라도 공격하지 못하도록 철저하게 대비한 자신의 방어력을 믿어야 한다.

故將有五危.

必死可殺也 必生可虜也

忿速可侮也 廉潔可辱也 愛民可煩也.

장수에게는 빠지기 쉬운 다섯 가지의 위험한 일이 있다. 첫째, 혈기만을 내세운 용기를 부려 죽음을 각오하고 싸우게 되면 적에게 살해당하고 만다. 둘째, 비겁한 생각을 품은 채 살고자 버둥대면 적의 포로가 되기 십상이다. 셋째, 성급하여 화를 잘 내면 적의 술수에 빠지기 쉽다. 넷째, 지나치게 청렴결백하면 적에게 도발의 기회를 줄 수가 있다. 다섯째, 인정에 끌려 병사를 사랑하는 마음이 지나치면 적이 백성들을 괴롭히는 술수를 부려 장수가 번뇌에 빠지게 된다.

凡此五者 將之過也 用兵之災也.

覆軍殺將 必以五危 不可不察也.

무릇 이 다섯 가지는 장수가 전쟁을 수행하는 데 방해가 되는 요소이다. 아군을 전멸시키고 장수 자신이 죽음을 맞이하는 것은 이 다섯 가지 때문이니 경계하지 않으면 안 될 것이다.

凡處軍相敵 絕山依谷 視生處高
戰隆無登 此處山之軍也.

무릇 군사들이 행군할 때는 적을 잘 살펴야 한다. 산을 의지하며 올라갈 때는
골짜기에 의지하여 이동해야 한다. 여러 풀과 나무들을 살피며 될 수 있으면 높
은 곳에 주둔하여 시야를 확보해야 한다. 높은 곳에 있는 적이 싸움을 건다 해
도 절대 올라가서 싸우면 안 된다. 이것이 아군이 산에서 행군할 때의 방법이다.

絕水必遠水 客絕水而來
勿迎之於水內 令半濟而擊之利.

강물을 건너면 재빨리 강으로부터 멀리 벗어나야 한다. 적군이 강물을 건널 때
는 강물 속에서 그들을 맞아 싸워서는 안 된다. 적군이 물을 반쯤 건넜을 때 공
격하면 이익을 얻을 수 있다.

302

欲戰者 無附於水而迎客 視生處高

無迎水流 此處水上之軍也.

군이 싸워보고자 하는 욕심이 생긴다면 강물 가까이에서는 적병을 맞아 싸우지 말아야 한다. 반드시 시야가 확보된 고지대에서 싸울 것이며, 강물의 상류에서 내려오는 적을 맞이하여 싸워서도 안 된다. 이것이 강물에서 군대가 행동하는 방법이다.

絶斥澤 惟亟去無留 若交軍於斥澤之中

必依水草 而背衆樹 此處斥澤之軍也.

개펄이나 염분이 많은 택지를 만난다면 빨리 이동하고, 오래 머물러서는 안 된다. 만약 이처럼 척박한 택지에서 적과 싸울 때는 필히 수초를 의지하고 숲을 등져야 한다. 이것이 늪지와 같은 척박한 택지에서 군대가 행동하는 방법이다.

平陸處易 而右背高 前死後生 此處平陸之軍也.

凡此四軍之利 黃帝之所以勝四帝也.

평탄한 육지에 주둔할 때는 편리한 곳을 찾아 진을 친다. 오른쪽으로 높은 언덕을 등지고 풀과 나무가 없는 땅을 앞에 두고 풀과 나무가 무성한 땅을 뒤에 둔다. 이것이 평지나 언덕이 있는 곳에서 군대가 행동하는 방법이다. 이러한 네 가지 군대의 운용법이 옛날 황제 때부터 사방의 제후들에게 승리를 거둔 방법이었다.

凡軍好高而惡下 貴陽而賤陰

養生而處實 軍無百疾 是謂必勝.

모든 군대는 높은 지대를 선호하고 낮은 곳은 싫어하며, 양지를 귀중하게 생각하고 음지는 천하게 생각하고 피한다. 그리고 양식이 생기는 곳에 주둔하고 견실한 곳에 병사를 거처하게 한다. 이렇게 되면 군대에 질병이 없어지고 반드시 싸움에서 승리하게 된다.

丘陵堤防 必處其陽 而右背之.
此兵之利 地之助也.
上雨 水沫至 欲涉者 待其定也.

언덕이나 제방은 반드시 양지에 군진을 치도록 하며, 그것을 오른쪽으로 등지고 있어야 한다. 이것이 군대에게 유리한 점이며 지형의 도움을 얻는 방법이다. 상류 쪽에 비가 내리면 물거품이 내려올 테니 이를 건너려 한다면 거품이 가라앉을 때까지 기다려야 한다.

凡地有絶澗
天井 天牢 天羅 天陷 天隙 必極去之 勿近也.

무릇 행군 중에 다음과 같은 지형을 만나면 신속히 통과하거나 퇴각하여야 한다. 첫째, 깎아지른 듯한 절벽 사이의 골짜기를 절간絶澗이라고 부른다. 둘째, 우물같이 깊고 사방이 험한 산으로 둘러싸인 곳을 천정天井이라고 부른다. 셋째, 3면이 높은 절벽으로 둘러싸여 1면만 막으면 마치 감옥에 갇힌 것처럼 되어버리는 곳, 이를 천뢰天牢라고 부른다. 넷째, 나무와 풀이 너무 울창하여 마치 천연의 그물을 쳐놓은 것과 같은 곳을 천라天羅라고 부른다. 다섯째, 움푹 패이고 진흙의 수렁이 있는 곳을 천함天陷이라고 부른다. 여섯째, 천연의 틈바구니를 이루어 통로가 좁고 긴 곳을 천극天隙이라고 부른다.

吾遠之 敵近之 吾迎之 敵背之.

아군은 그런 곳을 멀리하고 적을 그 근처로 유인해야 한다. 아군은 그런 곳을 기꺼이 맞이하고 적은 그곳을 등지게 만들어야 한다.

軍旁有險阻 潢井葭葦 山林.

翳薈.

必謹復索之 此伏姦之所也.

군대 옆에 험하고 막힌 골짜기, 물풀이 있는 음덩이, 갈대가 자란 우물, 나무가 무성한 곳은 반드시 신중하게 수색해야 한다. 이곳은 간첩이 매복하는 곳이다.


敵近而靜者 恃其險也.

遠而挑戰者 欲人之進也.

其所居易者 利也.

적이 가까이 있으면서 움직이지 않는 것은 험한 주변의 지세를 믿기 때문에 그걸 미끼로 아군을 유인하기 위한 술책인 것이다. 적의 주력부대가 멀리 있는데도 불구하고 소규모 부대로 공격하는 것은 아군의 진격을 유도하려는 것이다. 적이 높은 곳에 주둔하지 않고 평평한 장소에 있는 것은 얻을 수 있는 이득이 있기 때문이다.


衆樹動者 來也. 衆草多障者 疑也.

鳥起者 伏也. 獸駭者 覆也.

나무들이 흔들리는 것은 적이 습격해 오고 있다는 표시이다. 새들이 날아오르는 것은 복병이 있기 때문이고, 짐승들이 놀라 달아나는 것은 적의 대군이 기습을 노리고 있다는 표시이다.


塵高而銳者 車來也.

卑而廣者 徒來也.

散而條達者 樵采也.

少而往來者 營軍也.

먼지가 높게 일직선으로 뻗어 오르는 것은 전차가 오는 표시이다. 먼지가 낮고 넓게 퍼지는 것은 보병이 몰려온다는 표시이다. 먼지가 가늘게 피어오르는 것은 적이 땔나무를 하고 있다는 표시이다. 먼지가 조금씩 위로 올라가는 것은 적이 숙영할 준비를 하고 있다는 표시이다.

辭卑而益備者 進也.
辭詭而强進驅者 退也.
輕車先出其側者 陣也.

적의 언행을 살핌으로써 속에 감추고 있는 의도를 알 수가 있다. 적의 사령이 아군의 진영에 와서 말을 낮추고 공손하게 행동하는 것은 머지않아 진격해 오려는 의도 때문이다. 이와 반대로 사령의 언행이 매우 강경하고 거칠면 머지않아 퇴각할 계획이 있기 때문이다. 가벼운 병거兵車가 앞에 나와서 진지 양옆을 지키는 것은 장차 전차전을 준비하고 있기 때문이다.

無約而請和者 謀也.
奔走而陳兵車者 期也.
半進半退者 誘也.

적이 진퇴양난에 빠진 것도 아닌데 갑자기 화해를 요청해 오는 것은 음모를 꾸미고 있기 때문이다. 적의 움직임이 분주하고 전차를 앞쪽으로 늘어놓는 것은 공격 날짜가 정해졌기 때문이다. 적이 쳐들어올 듯하다가 뒤로 물러나고, 물러난 듯하다가 다시 쳐들어오기를 반복한다면 아군을 유인하려는 의도가 있기 때문이다.

仗而立者 飢也.
汲而先飮者 渴也.

見利而不進者 勞也.

鳥集者 虛也.

夜呼者 恐也.

적이 지팡이에 기대어 서는 것은 군량軍糧이 떨어졌기 때문이며 물을 길으러 간 적이 허겁지겁 먼저 마신다면, 이는 적진에 물이 없다는 증거이다. 적의 형세가 유리한데도 공격해오지 않는 것은 적이 피로해 있기 때문이다. 적진이 배치해 있던 곳에 새들이 모여드는 것은 적이 모두 철수했기 때문이다. 한밤중에 큰 소리로 부르는 것은 적이 두려움에 빠져 있다는 증거이다.

軍擾者 將不重也.

旌旗動者 亂也.

吏怒者 倦也.

殺馬肉食者 軍無糧也.

적진이 떠들썩한 것은 적장敵將이 위엄이 없기 때문이다. 적진의 깃발이 심하게 흔들리는 것은 병사들 사이에 동요가 일고 있기 때문이다. 군마를 죽여 삶아 먹는다면 군에 식량이 떨어졌기 때문이다.

懸瓵不返其舍者 窮寇也.

諄諄翕翕 涂與人言者 失衆也.

취사 도구를 걸어놓고 병영 밖으로 나와 어슬렁대는 것은 궁지에 몰려 최후의 결전을 준비하고 있기 때문이다. 적장이 부하들에게 부드럽게 이야기하는 것은 병사들에게 신망을 잃었기 때문이다.

數賞者 窘也 數罰者 困也.

先暴而後畏其衆者 不精之至也.

來委謝者 欲休息也.

적장이 부하들에게 자주 상을 주는 것은 사기가 오르지 않아 통솔하는 데 어려움이 있기 때문이고, 반대로 자주 벌을 주는 것은 그것 외에는 통솔법이 없기 때문이다. 적장이 먼저 포악하게 화를 내다가 이후에 병사들을 두려워하는 것은 장군이 정밀하지 못하기 때문이다. 적의 사령이 와서 정중히 인사를 하고 가는 것은 휴식시간을 벌려는 의도이다.

兵怒而相迎 久而不合 又不相去 必謹察之.

兵非益多也 惟無武進 足以併力料敵 取人而已.

적군이 노하여 공격해 와서는 싸우려 하지도 않고 물러가려 하지도 않는다면 뒤에 계략이 숨어 있기 때문이므로 세심히 적의 근황을 살펴야 한다. 군대란 병력이 많다고 해서 반드시 이익이 있는 것은 아니다. 오직 무력만 믿고 진격해서는 안 되고 만족스러울 정도의 힘을 모아 적을 요리할 준비를 하고 인재를 취하여 임무를 맡겨야 한다.

夫惟無慮而易敵者 必擒於人.

아무런 생각도 없이 적을 쉽게 보는 자는 필히 사로잡히고 말 것이다.

卒未親附而罰之 則不服 不服則難用也.

卒已親附而罰不行 則不可用也.

사병들이 아직 장군과 친해지지 않은 상태에서 벌을 주면 속으로는 복종하지 않게 된다. 그들이 복종하지 않는다면 군대를 운용하기가 어렵게 될 것이다. 또한 사병들이 장군과 친해졌는데도 마땅한 벌을 행하지 않는다면 이 또한 군대를 운용하기가 어렵게 될 것이다.

故令之以文 齊之以武 是謂必取

그러므로 명령은 부드러운 말로 하고, 통제는 무력으로 다스려야 한다. 그렇게 되면 필히 승리를 취하게 될 것이다.

令素行以教其民 則民服 令不素行以教其民 則民不服.
令素行者 與衆相得也.

평소에 군기를 바로잡아 명령이 제대로 전달되게 훈련했다면 병사들이 복종할 것이다. 그러나 평소에 군기를 바로 세우지 못해 명령이 제대로 전달되지 않았다면 병사들이 복종하지 않을 것이다. 명령이 평소에 잘 지켜지면 장군과 병사들은 서로 이익을 얻게 될 것이다.

地
形

―――

**지
형**


地形有通者

有掛者 有支者 有隘者 有險者 有遠者.

지형에는 통형, 괘형, 지형, 애형, 험형, 원형의 여섯 가지가 있다.


我可以往 波可以來 曰通.

通形者 先居高陽 利糧道 以戰則利.

통형通形이란 아군이 갈 수도 있고 적군이 올 수도 있는 지형을 말한다. 이러한 지형에서는 먼저 지대가 높고 햇빛이 잘 드는 곳을 차지하면 식량보급을 유리하게 할 수 있어 적과 싸우기에 유리하다.


可以往

難以返 曰掛 掛形者 敵無備 出而勝之 敵若有備 出而不勝 難以返 不利.

괘형掛形이란 진격하기는 쉬워도 후퇴하기는 어려운 지형을 말한다. 적이 이러한 지형을 믿고 아무런 대비가 없으면 아군이 이길 수 있고, 만일 적의 대비가 있으면 진격하여도 이기지 못할뿐더러 돌아오기조차 힘들다.

我出而不利 波出而不利

曰支. 支形者 敵雖利我 我無出也 引而去之 令敵半出而擊之 利.

지형支形이란 아군이 나아가서 싸워도 이로움이 없고 적군이 쳐들어와도 이로움이 없는 지형을 말한다. 이러한 지형은 적의 꾐에 빠져 들어가지 않도록 주의해야 한다. 군대를 뒤로 잠시 물러나게 한 뒤 적으로 하여금 반쯤 나오게 하여 공격하는 것이 좋다.

隘形者 我先居之 必盈之以待敵.

若敵先居之 盈而勿從 不盈而從之.

애형隘形이란 입구가 병의 입구처럼 잘록하게 좁은 지형을 말한다. 이러한 지형을 아군이 먼저 점거하면 적이 쳐들어오지 못한다. 만일 적이 먼저 이 지형을 차지했다면 공격해도 들어갈 수 없으니 다른 방법을 강구해야 한다.

險形者 我先居之

必居高陽以待敵 若敵先居之 引而去之 勿從也.

험형險形이란 매우 험난한 지형을 말한다. 이러한 지형을 아군이 먼저 점거하면 지대가 높고 햇볕이 잘 드는 곳에 위치를 정하고 적이 오기를 기다려야 한다. 만일 적이 먼저 이곳을 점거했다면 공격하지 말고 후퇴하는 것이 현명하다.

遠形者 勢均 難以挑戰 戰而不利.

凡此六者 地之道也 將之至任 不可不察也.

원형遠形이란 본국에서 멀리 떨어진 곳을 말한다. 이러한 지형에서 아군과 적군의 전력이 서로 비슷하다면 싸움을 걸지 않는 게 좋다. 무릇 이 여섯 가지는 땅의 도이며, 장수의 지극한 책임으로 살피지 않으면 안 된다.

故兵有走者 有弛者 有陷者 有崩者 有亂者 有北者.

凡此六者 非天之災 將之過也.

군대가 주走, 이弛, 함陷, 붕崩, 난亂, 배北의 상태에 놓이게 되면 패배를 초래하게 된다. 무릇 이 여섯 가지는 어느 것이나 불가항력에 기인하는 것이 아니라, 장수의 과실에 의해 발생하게 된다.

夫勢均 以一擊十 曰走.

卒强吏弱 曰弛, 吏强卒弱 曰陷.

주走란 적과 세력이 엇비슷할 때 한 사람이 열 사람을 맞아 싸우게 하는 것을 말한다. 이弛란 병사들은 강한데 간부들이 약한 경우를 말한다. 함陷이란 군의 간부들은 강한데 병사들이 약한 경우를 말한다.

大吏怒而不服 遇敵懟而自戰 將不知其能 曰崩.

붕崩이란 지휘자와 간부들 간의 접촉이 잘 안 되고 간부들이 불만을 품고 지휘자의 명령에 복종하지 않으며 전투가 벌어졌을 때 그러한 간부들의 능력을 인정하지 않는 경우를 말한다.

將弱不嚴 教道不明 吏卒無常 陳兵縱橫 曰亂.

난亂이란 지휘자가 나약해서 엄하지 못하고, 군율軍律도 철저하지 못하여 병사들에 대한 통솔 부족으로 전투 배치가 엉망으로 된 경우를 말한다.

將不能料敵 以少合衆 以弱擊强 兵無選鋒 曰北.

凡此六者 敗之道也 將之至任 不可不察也.

배北란 지휘자가 적의 사정을 제대로 파악하지 못해 아군의 열세한 병력으로 강한 적에게 대항하게 함으로써 나가 싸우는 병사가 없는 경우를 말한다. 이상의 여섯 가지 경우는 패배를 자초하는 원인이 된다. 이것은 모두 지휘자의 중대한 잘못이기 때문에 지휘자는 이를 잘 살피는 것이 가장 중요한 임무이다. 무릇 이 여섯 가지는 패배의 길이니 장수의 지극한 임무로 살피지 않으면 안 된다.

夫地形者 兵之助也.

料敵制勝 計險阨遠近 上將之道也.

知此而用戰者 必勝 不知此而用戰者 必敗.

지형은 승리를 얻기 위해 단지 보조적 역할을 할 뿐이다. 적의 움직임을 알고 지형의 험한 정도와 멀고 가까움 등을 잘 살피고 헤아려 보면서 작전계획을 세워 승리를 이끌어내는 것이 장수의 임무이다.

故戰道必勝 主曰無戰 必戰可也.

戰道不勝 主曰必戰 無戰可也.

故進不求名 退不避罪 惟人是保 而利合於主 國之寶也.

그러므로 전쟁터의 실정을 살펴 이길 수 있으면 군주가 싸우지 말라고 하여도 싸울 것이고 전쟁터의 실정을 살펴 이길 수 없으면 비록 군주가 싸우라 하여도 싸울 수 없는 것이다. 그리고 이겼다고 해서 명예를 추구하지 말고 패했을 때는 그 죄를 피하지 말 것이며, 오직 백성을 보전하고 군주를 이롭게 해야만 나라의 보배인 것이다.

視卒如嬰兒 故可與之赴深溪.

視卒如愛子 故可與之俱死.

장군이 병사 보기를 어린애처럼 하면 함께 위험한 깊은 계곡에도 다다를 수가 있다. 또한 병사 보기를 사랑하는 아들처럼 하면 함께 죽음을 불사하게 된다.

厚而不能使 愛而不能令 亂而不能治 譬如驕子 不可用也.

장군이 병사를 너무 후하게 대하면 부릴 수가 없고, 너무 사랑으로만 대하면 명령할 수가 없다. 또한 너무 혼란하여 다스릴 수가 없으면 마치 교만한 자식과 같이 되어 쓸모없는 군대가 되기 쉽다.

知吾卒之可以擊 而不知敵之不可擊 勝之半也.
知敵之可擊 而不知吾卒之不可以擊 勝之半也.

아군의 병사가 공격할 수 있는 능력이 충분하다는 사실을 알고 있지만 적이 공격할 수 없음을 모른다면 승리할 확률은 반반이다. 적이 공격할 수 있다는 사실은 알면서도 아군의 병사가 공격할 능력이 없다는 사실을 모른다면 이 또한 승리할 확률은 반반이다.

知敵之可擊 知吾卒之可以擊
而不知地形之不可以戰 勝之半也.

적이 공격할 수 있다는 사실도 알고 아군의 병사가 공격할 수 있다는 사실도 알고 있지만, 지형으로 보아 싸울 수 없다는 사실을 알지 못한다면 이 또한 승리할 확률은 반반이다.

故知兵者 動而不迷 擧而不窮.
故曰 知己知波 勝乃不殆.
知地知天 勝乃可全.

그러므로 전쟁의 실상을 잘 아는 사람은 군대를 움직이되 갈팡질팡하지 않고, 거사를 도모하되 어려운 입장에 빠지지 않는다. 즉, 나를 알고 적을 알면 위태롭지 않게 승리할 수 있는 것이다. 이와 같은 여섯 가지 지형을 적절히 이용하고 하늘의 기상조건을 안다면 완벽한 승리를 거둘 수 있게 된다.

用兵之法, 有散地, 有輕地, 有爭地, 有交地,

有瀘地, 有重地, 有圮地, 有圍地, 有死地.

용병의 방법 중에서 전쟁을 하게 될 지형으로는 '산지, 경지, 쟁지, 교지, 구지, 중지, 비지, 위지, 사지'가 있다.

諸侯自戰其地 爲散地 入人之地不深者,

爲輕地 我得則利 彼得亦利者 爲爭地.

제후가 자기 나라 땅에서 싸우는 것을 '산지'라고 하며, 적의 영토를 공격하지만 깊이 들어가 있지 않은 것을 '경지'라고 한다. 아군이 점령하면 아군에게 유리하고 적군이 점령하면 적군에게 유리한 지형을 '쟁지'라고 한다.

我可以往 彼可以来者.

爲交地 諸侯之地三屬 先至而得天下衆者 爲瀘地.

아군이 갈 수도 있고, 적군이 올 수도 있는 곳을 '교지'라고 한다. 제후의 땅이 적과 우리와 제3국에 연결되어 있어 먼저 가서 차지하기만 하면 천하의 백성을 자기 나라 백성으로 만들 수 있는 곳을 '구지'라고 한다.

적국의 영토 안으로 깊숙이 쳐들어가 적의 여러 성과 마을을 등지고 있는 것을 '중지'라고 하며 산림이 험하고 늪이 많은 택지로써 행군하기 곤란한 지역을 '비지'라 한다.

군대가 들어온 길이 비좁고 되돌아갈 길은 멀리 돌아가야만 하며 적이 적은 수로도 우리의 많은 병력을 공격할 수 있는 곳을 '위지'라고 한다.

열심히 싸우면 생존할 수 있고, 오랫동안 싸우게 되면 멸망하는 곳을 '사지'라고 한다. 그러므로 산지에서는 전투를 벌이면 안 된다.

'경지'에서는 오래 머물러 있으면 안 되며 '쟁지'에서는 뒤늦게 적을 공격해서는 안 된다. '구지'에서는 제3국과 외교를 잘 맺는 것이 중요하고 '중지'에서는 약탈을 감행하여 군수물자를 현지에서 조달해야 한다. '비지'에서는 빨리 행군하여 탈출해야 하며 '위지'에서는 술책을 써서 벗어나야 하며 '사지'에서는 오로지 열심히 싸워야만 한다.

316

所謂古之善用兵者 能使敵人
前後不相及 衆寡不相恃 貴賤不相救.

예부터 전쟁을 잘하는 사람은 적군으로 하여금 전후방의 부대가 서로 연락이 되지 못하도록 만들었고, 대부대와 소부대가 서로 의지하지 못하도록 만들었다.


上下不相收 卒離而不集 兵合而不齊
合於利而動 不合於利而止.

또한 상급자와 하급자가 서로 도울 수 없게 만들었고, 병사들을 집합시키지 못하게 하여 분리시켰다. 혹 적의 병사들이 집합하더라도 이를 통제할 수 없게 만들었으며, 이익에 부합되면 움직이고 이득이 없으면 공격을 중지하도록 했다.


敢問 敵衆整而將來 待之若何
曰 先奪其所愛 則聽矣.

감히 문답하건대, 만약 적의 군사들이 대열을 정비하고 공격하려 한다면 어떻게 대적하겠는가? 이에 대답할 말은 적이 가장 소중하게 여기는 것을 빼앗으면 아군의 의도대로 할 수 있다는 것이다.


兵之情主速 乘人之不及 由不虞之道 攻其所不戒也.

군대의 정세는 무엇보다 신속함이 중요하니 적국이 급히 출정하지 못할 때를 노리고, 적이 생각하지도 못한 길을 이용하여 그들이 경계하지 않는 곳을 공격한다.


凡爲客之道 深入則專 主人不克.
掠於饒野 三軍足食.

적국에 진입하였을 때의 전법은 다음과 같다. 깊이 침입하면 병사들이 싸움에 전념하게 되므로 적군을 극복하여 이기지 못한다. 풍요로운 들판에서 적의 식량을 약탈하면 전 부대가 먹을 식량이 풍부해지게 된다.

謹養而勿勞 併氣積力 運兵計謀

爲不可測 投之無所注 死且不北.

삼가 군사들을 잘 보양하면서 피로하지 않게 하고 힘든 일을 시키지 않으면 사기가 올라가고 힘이 축적된다. 병사들을 운용하여 계략을 세울 때는 적이 예측하지 못하게 하여 오고 갈 수 없는 곳으로 몰아세운다. 군사들을 다른 갈 곳이 없는 곳으로 몰아넣으면 죽는 한이 있더라도 도망치지 않는다.

死焉不得 士人盡力 兵士甚陷則不懼

無所注則固 深入則拘 不得已則鬪.

병사들이 죽게 될 상황에 처하게 되면 전력을 다하여 싸우게 될 것이다. 또한 병사들이 깊은 함정에 빠지게 되면 죽기를 두려워하지 않으며, 오고 갈 장소가 없으면 끈끈하게 뭉치고 적지에 깊이 들어가서는 거리낄 것 없이 용감해진다. 이처럼 어쩔 수 없는 상황이 되면 곧바로 싸우게 된다.

是故其兵不修而戒 不求而得 不約而親 不令而信

禁祥去疑 至死無所之.

그러므로 그러한 군대는 주의시키거나 수련하지 않아도 경계를 하고, 요구하지 않아도 뜻대로 움직이게 되며, 규약으로 구속하지 않아도 군사들끼리 서로 친하게 된다. 또한 명령을 내리지 않아도 지휘관을 신뢰한다. 그리하여 유언비어를 금하고 의구심을 없애주기만 하면 죽는 한이 있더라도 부대를 이탈하는 자가 없게 된다.

吾士無余財 非惡貨也. 無余命 非惡壽也.

아군의 병사들이 재물에 욕심이 없는 것은 재화를 증오하기 때문이 아니고, 생명에 집착하지 않는 것도 오래 살기가 싫어서 그러는 것이 아니다.

令發之日 士卒坐者涕沾襟 偃臥者淚交
投之無所注者 諸劌之勇也.

출동 명령이 내려진 날에는 앉아 있는 병사들은 눈물이 옷깃을 적시고, 쓰러져 누운 자도 눈물을 흘릴 것이다. 그러나 이러한 병사들을 갈 곳이 없는 사지로 몰아넣으면 용기가 솟아오르는 법이다.

故善用兵者 譬如率然 率然者 常山之蛇也.
擊其首則尾至 擊其尾則首至 擊其中則首尾俱至.

그러므로 전투를 잘하는 자를 비유하면 솔연과 같다. 솔연이란 상산에 사는 뱀을 말하는데 그 뱀은 머리를 치면 즉시 꼬리가 달려들고 꼬리를 치면 즉시 머리가 덤벼들며 가운데 허리를 공격하면 즉시 머리와 꼬리가 한꺼번에 달려든다.

敢問 兵可使如率然乎 曰可.
夫吳人 與越人相惡也.
當其同舟而濟 而遇風 其相救也 如左右手.

감히 문답하건대, 아군의 군사를 솔연처럼 움직일 수 있겠는가? 그 대답은 가능하다. 오나라 사람들과 월나라 사람들은 서로 미워하는 사이지만 함께 배를 타고 물을 건너다 풍랑을 만나게 되면 서로 돕기를 마치 왼손과 오른손처럼 하여 서로를 구하려고 할 것이다.

是故方馬埋輪 未足恃也.

齊勇如一 政之道也.

剛柔皆得 地之理也.

그러므로 말을 나란히 세워 놓고 서로 사방에 묶어놓거나 수레바퀴를 땅에 묻어 돌아가지 못하게 하더라도 믿을 만한 것이 못 되는 것이다. 즉, 병사들에게 강압적으로 죽기를 각오하고 싸우라는 것은 만족스러운 결과를 얻을 수 없다. 모든 군대를 통제하여 일치단결시키기 위해서는 유능한 지도자가 필요하다. 강한 자나 약한 자나 그들의 모든 힘을 얻기 위해서는 지형의 이로움을 얻어야 한다.

故善用兵者 若携手使一人 不得已也.

따라서 용병을 잘하는 사람들은 마치 한 명의 병사를 수족처럼 부리듯이 군대를 운용한다. 이는 병사들이 그렇게 움직이지 않을 수 없도록 만들기 때문이다.

將軍之事 靜以幽 正以治.

能愚士卒之耳目 使之無知.

易其事革其謀 使人無識.

장군이 하는 일은 심산유곡처럼 냉정하면서도 엄정하게 통치해야 한다. 병졸들의 눈과 귀를 어리석게 만들어 중요한 군사계획을 알지 못하도록 해야 한다. 장군의 용병술이 반대로 바뀌고 세운 전략이 바뀌어도 병사들이 고급 정보를 알아보지 못하도록 해야 한다.

易其居迂其途 使人不得慮 帥與之期 如登高而去其梯.

또한 장군이 머물던 곳을 옮기고, 가는 길을 우회하더라도 그것을 깨닫지 못하게 만들어야 한다. 장수가 병사들과 함께 기약하고 나면 마치 높은 곳에 올라가게 한 뒤 그 사다리를 치워 퇴로를 없애 전투에만 전념할 수 있듯이 한다.

帥與之深入諸侯之地 而發其機 焚舟破釜 若驅群羊.

장수가 병사들과 함께 제후의 영토에 깊숙이 침입하였을 때는 화살을 쏘듯이 신속하게 해야 하는데, 이는 마치 양 떼가 갈라지듯이 달려가고 달려오되 행방을 알지 못하게 하는 것과 같은 것이다.

驅而注 驅而來 莫知所之 聚三軍之衆 投之於險 此將軍之事也.

삼군의 병사들을 모아 그들을 험한 곳으로 몰아넣는 것이 바로 장수의 임무이다.

九地之變 屈伸之利 人情之理 不可不察也.

이때 장수는 아홉 가지 지형에 따른 병법의 변화, 굴복하여 후퇴하는 일과 펼쳐서 공격하는 일에 따른 이점, 상황에 따른 심리적 변화 등을 진지하게 살피고 상세하게 연구해야 한다.

凡爲客之道 深則專 淺則散 去國越境而師者 絕地也.

무릇 적군의 진영에 침입했을 때의 전법은 이러하다. 아군이 깊이 침략하면 전투에 전념하지만, 깊숙하게 들어가지 않았을 때에는 분산되어 흩어진다. 나라를 떠나 국경을 넘어가 싸우는 것을 '절지'라고 한다.

四達者 衢地也 入深者 重地也 入淺者 輕地也.

사방으로 통해 교통의 요지가 되는 곳이 '구지'이고, 깊이 진입한 곳은 '중지'이며, 얕게 침입한 곳이 '경지'다.

背固前隘者 圍地也.

無所往者 死地也.

是故散地 吾將一其志.

등 뒤가 꽉 막히고 전방이 좁아 진퇴양난에 처하는 곳이 '위지'이고, 오고 갈 수 없는 곳이 '사지'이다. 그러므로 '산지'에서는 싸움을 피하고 병사들의 마음을 하나로 뭉쳐 일치단결시켜야 한다.

輕地 吾將使之屬 爭地 吾將趨其後 交地
吾將謹其守 衢地 吾將固其結.

'경지'에서는 되도록 오래 머물러서는 안 되며 병사들이 고국으로 도망치거나 마음이 이산되지 않도록 해야 한다. '쟁지'에서는 적과의 정면대결을 피하고 적의 후방을 노려서 공격하도록 해야 한다. '교지'에서는 적에게 공격할 기회를 주지 않기 위해 수비를 견고하게 해야 한다. '구지'에서는 인근 국가와의 외교적 노력을 견고하게 해야 한다.

重地 吾將繼其食 圮地 吾將進其途 圍地 吾將塞其闕
死地 吾將示之以不活.

'중지'에서는 본국에서 멀리 떨어져 있기 때문에 적국 내에서 군량미 보급을 확보해야 한다. '비지'에서는 행군이 어려우므로 병사들의 위생 문제를 생각해서 재빨리 지나가야 한다. '위지'에서는 기발한 계책을 세워 빠져나와야 한다. '사지'에서는 맞붙어 싸우는 수밖에는 살 길이 없다는 사실을 병사들에게 주지시켜 필사적으로 싸워 이기게 해야 한다.

故兵之情 圍則御 不得已則鬪 過則從 是故 不知諸侯之謀者 不能預交.
본래 병사들의 심리는 포위되면 대들어 싸우고, 달리 탈출할 길이 없음을 알게 되면 지휘자의 명령에 순종하게 되어 있다. 주변 국가의 책략을 알지 못하는 제후는 주변 국가와 유리한 외교관계를 수립할 수가 없다.

不知山林 險阻 沮澤之形者
不能行軍 不用鄕導 不能得地利.

산림과 험난한 곳과 습지의 지형을 알지 못하면 행군하지 못하며, 그 고장의 길 안내인을 이용하지 않으면 지형의 이로움을 얻지 못한다.

四五者 不知一 非覇王之兵也.

이 네다섯 가지 중에 하나라도 모르면 패왕의 군병이라고 할 수 없다.

夫覇王之兵 伐大國 則其衆不得聚
威加於敵 則其交不得合.

패왕의 군대는 큰 나라를 정벌할 때는 그 무리들이 이동하고 집결할 여유를 주지 않고 적에게 위압을 가하면 외교는 힘을 합하지 못하고 마비되게 만들어 버린다.

是故 不爭天下之交 不養天下之權
信己之私 威加於敵.

이런 까닭으로 패왕의 군대는 타국과 동맹을 맺는 외교를 펴려고 다투지 않고 천하의 권세를 빼앗으려고 애쓰지도 않는다. 또 사사로운 마음이 없는 자신을 신뢰하여 적에게 위압을 가한다.

故其城可拔 其國可隳也.

施無法之賞 懸無政之令 犯三軍之衆 若使一人.

그리하여 그들의 군대가 적의 성을 공격하면 함락시킬 수가 있고 그들이 공격하는 나라는 멸망시킬 수도 있다. 그러기에 법에도 없는 큰상을 베풀어주고 정사에 없는 엄한 명령을 내려 삼군을 움직이기를 마치 한 사람을 부리듯이 할수 있는 것이다.

犯之以事 勿告以言 犯之以利 勿告以害.

군사들은 일로써 움직이게 해야지 말로써 알려서는 안 된다. 또한 이로움으로써 움직이게 해야지 해로움으로써 알려서는 안 된다.

投之亡地然後存.

陷之死地然後生.

夫衆陷於害 然後能爲勝敗.

군사들을 멸망할 지형에 몰아넣으면 용감하게 싸워 살아남게 되며 병사들을 죽게 될 처지에 몰아넣으면 힘을 다해 싸워 살아남게 된다.

故爲兵之事 在於順詳敵之意 幷敵一向

千里殺將 是謂巧能成事者也.

그러므로 전쟁을 할 때 적의 의도를 속속들이 파악하고 있다면 적을 한 방향으로 유인하여 천 리 밖에 있는 적장도 살해할 수 있게 될 것이다. 이것을 교묘하게 용병술을 부려 전쟁에서 승리하는 것이라고 말한다.

是故政擧之日 夷關折符 無通其使 厲於廊廟之上 以誅其事.

따라서 전쟁이 시작되면 국경의 관문을 폐쇄하고 통행을 금지시키며, 적의 사

신이 통과하지 못하도록 막고, 조정에서는 대신들을 격려함으로써 작전계획을
연구하여 결정하도록 한다.

敵人開闔 必亟入之 先其所愛 微與之期 踐墨隨敵 以決戰事.
적군이 성문을 열면 재빠르게 침입하여 우선 적의 소중한 것을 빼앗는다. 그런
뒤 적의 미세한 허점을 기다려 좋은 기회를 잡고, 적군의 움직임에 따라 현실적
인 계획을 세움으로써 승패를 결정짓는다.

是故始如處女 敵人開戶 後如脫兎 敵不及拒.
따라서 일단 전쟁을 시작하면 처음에는 처녀처럼 행동하여 적이 문을 열게 하
고, 적이 성 문을 연 후에는 달아나는 토끼처럼 민첩하게 움직여 적군이 대항할
겨를이 없도록 만들어야 한다.

火
攻
———
화
공


凡火攻有五

一曰火人 二曰火積 三曰火輜 四曰火庫 五曰火隊.

무릇 화공을 펼치는 경우에는 다섯 가지가 있다. 첫째는 사람을 불태우고자 할 때, 둘째는 적이 쌓아둔 것을 불태우고자 할 때, 셋째는 군수품을 불태우고자 할 때, 넷째는 창고를 불태우고자 할 때, 다섯째는 부대를 불태우고자 할 때이다.


行火必有因 煙火必素具 發火有時 起火有日.

불을 사용하려면 반드시 이유가 있어야 하고, 불을 붙이는 기구는 처음부터 갖추고 있어야 한다. 불을 지르는 데는 때가 있고, 불이 일어나는 데는 적당한 날이 있다.


時者 天之燥也.

日者 月在箕壁翼軫也.

凡此四宿者 風起之日也.

적당한 때라는 것은 날씨가 건조한 때를 말하고, 날은 달의 위치가 '기, 벽, 익,

진'에 해당하는 날이다. 왜냐하면 달이 이 네 성좌星座의 위치를 지나갈 때는 반드시 바람이 일어나기 때문이다.

凡火攻 必因五火之變而應之 火發於內
則早應之於外 火發而其兵靜者 待而勿攻.

그리고 화공을 펼칠 때는 반드시 다섯 가지 불의 변화에 따라 취해야 한다. 첫째, 적진 안에서 불길이 일어나기 시작하면 밖에서 재빨리 호응하여 공격한다. 둘째, 불길이 솟아오르는데도 적진이 조용할 때는 기다리면서 불길의 형세를 보아 공격할 것인지 말 것인지를 결정해야 한다.

極其火力 可從而從之 不可從而止
火可發於外 無待於內 以時發之.

셋째, 밖에서 불을 지를 수 있는 경우에는, 안에서 불을 지르기를 기다리지 말고 시기적절히 방화해야 한다.

火發上風 無攻下風 晝風久 夜風止
凡軍必知 有五火之變 以數守之.

넷째, 바람이 불어오는 쪽에서 불길이 솟을 때는 바람 아래쪽에서 공격하면 안된다. 다섯째, 낮에 부는 바람은 오랫동안 불지만 밤에 부는 바람은 지속성이 없으므로 세심한 주의가 필요하다. 지휘자는 이 다섯 가지 불의 변화를 잘 헤아려서 화공을 전개해야 한다.

故以火佐攻者明 以水佐攻者强.
水可以絕 不可以奪.

그러므로 전투 시 화공을 이용하여 공격하는 것은 분명한 이득이 있기 때문이고, 수공으로 공격하는 것은 강력한 아군을 얻을 수 있기 때문이다. 물로 공격하는 것은 적의 교통을 차단하여 군수보급로를 차단할 수는 있지만, 적의 목숨을 빼앗을 수는 없다.

夫戰勝攻取 而不修其功者凶 命曰費留.

故曰 明主慮之 良將修之.

무릇 전쟁에 승리하고 적의 성을 빼앗아도 그 공로를 일일이 분류하여 병사들에게 혜택이 돌아가도록 하지 않는 자는 흉한데, 이것을 '비류'라고 한다. 그러므로 현명한 군주는 이것을 고려하고 뛰어난 장수는 이점을 생각하여 뒤처리에 신경을 쓴다.

非利不動 非得不用 非危不戰.

主不可以怒而興師 將不可以慍而致戰.

이롭지 않으면 움직이지 않고, 얻는 것이 없으면 병사를 쓰지 않으며 위태롭지 않으면 싸우지 않는다. 군주는 한때의 노여움 때문에 군대를 일으키지 않고, 장수는 성난다고 해서 전투를 해서는 안 된다.

合於利而動 不合於利而止.

怒可以復喜 慍可以復悅 亡國不可以復存 死者不可以復生.

이익이 있으면 움직이고 이익이 없으면 전투를 벌이지 말아야 한다. 노여움은 다시 기쁨이 될 수 있고 성냄은 다시 즐거움이 될 수 있지만, 한 번 망한 나라는 다시 존재할 수 없고 한 번 죽은 자는 다시 살아날 수 없기 때문이다.

故明君愼之 良將警之.

此安國全軍之道也.

따라서 현명한 군주는 전쟁을 결정할 때 신중하게 하고, 뛰어난 장수는 항시 전쟁을 경계한다. 이것이 나라의 안전을 도모하는 일이고, 군대를 완벽하게 유지하여 적의 침략에 대비하는 길이다.

用
間
———
용
간


凡興師十萬 出征千里 百姓之費 公家之奉 日費千金.

무릇 십만의 군사를 일으켜 천릿길을 원정하자면 백성이 부담하는 비용과 국세가 하루에 천금이 소비된다.


内外騷動 怠於道路 不得操事者 七十萬家.

그뿐 아니라 나라의 안팎에 소동이 일어나며, 전쟁물자를 수송하는 데 동원된 백성이 온통 도로를 메우게 되고, 이로 인해 생업에 종사하지 못하는 집이 70만 호에 이르게 된다.


相守數年 以爭一日之勝 而愛爵祿百金
不知敵之情者 不仁之至也.

적군을 상대하여 수년 동안 전쟁에 대비한다 해도 전쟁의 승패는 단 하루 만에 결정되는 것이다. 그러므로 작위나 봉록, 세금 등을 아까워하여 적의 정보를 수집하는 데 소홀히 한다면 이는 어질지 못한 일로써 나라가 위험에 빠지게 된다.

非人之將也 非主之佐也 非勝之主也

故明君賢將 所以動而勝人 成功出於衆者 先知也.

이러한 자는 장군으로서의 자질이 부족한 자이고 군주를 보좌하기에 불충분한 자이며 승리의 주도자가 될 수도 없다. 그러므로 명철한 군주와 현명한 장군이 기동하면 적을 쳐서 이기고 남보다 월등한 업적을 쌓게 되는데 그 까닭은 적의 실정을 미리 간파하기 때문이다.


先知者

不可取於鬼神 不可象於事 不可驗於度 必取於人 知敵之情者也.

적의 내부 실정을 미리 간파하는 방법은 귀신에 의지하여 얻을 수 있는 게 아니고, 옛 사례의 상황을 파악하여 알 수 있는 것도 아니며 어떤 법칙이나 경험에 의해서 알 수 있는 것도 아니다. 이는 사람을 써서 알아내는 것이다.


故用間有五

有鄕間 有內間 有反間 有死間 有生間.

그러므로 간첩을 이용하는 방법에는 다섯 가지가 있는데 '향간, 내간, 반간, 사간, 생간'이 바로 그것이다.


五間俱起 莫知其道 是謂神紀 人君之寶也.

이와 같은 다섯 가지 유형의 간첩을 활용한다면 적이 이것을 눈치채지 못하게 되니, 이것이 바로 신기라고 할 만한 것이며 군주의 소중한 보물이 되는 것이다.


鄕間者

因其鄕人而用之 內間者 因其官人而用之 反間者 因其敵間而用之.

'향간'이란 적국의 사람을 유인하여 활용하는 것이고 '내간'이란 적국의 관리를

포섭하여 활용하는 것을 말한다. '반간'이란 적국의 간첩을 포섭하여 이중간첩
으로 활용하는 것을 말한다.

死間者
爲誑事於外 令吾聞知之 而傳於敵間也. 生間者 反報也.

'사간'이란 실제로는 없는 유언비어를 널리 퍼뜨려 놓은 상태에서 아군의 소문
을 수집한 적의 간첩이 적장에게 이를 잘못 전달하게 하는 것을 말한다. '생간'
이란 적지에 숨어 들어갔던 아군의 간첩이 되돌아와서 적의 정세를 보고하는
것이다.

故三軍之事
莫親於間 賞莫厚於間 事莫密於間

그러므로 군대를 운용하는 자는 간첩과 친밀한 관계를 가져야 하고 간첩에게
는 포상을 후하게 해야 하며 간첩을 운용할 때는 비밀스럽게 해야 한다.

非聖智不能用間 非仁義不能使間 非微妙不能得間之實.

사람을 알아보는 지혜가 없는 자는 간첩을 이용할 자격이 없다. 또한 인의가 없
으면 간첩을 부릴 수 없고, 미세한 틈에서도 적의 허실을 파악할 수 있는 교묘
한 능력이 없다면 간첩을 이용하여 효과를 볼 수 없다.

微哉微哉 無所不用間也.
間事未發 而先聞者 間與所告者皆死.

참으로 미묘하고도 미묘한 일이니 전쟁에서는 간첩을 이용하지 않는 곳이 없
다. 간첩이 발견되어 미리 알려지면 간첩은 물론 그 정보를 발설한 자도 모두
죽여버려야 한다.

凡軍之所欲擊 城之所欲攻 人之所欲殺 必先知其守將
左右 謁者 門者 舍人之姓名 令吾間必索知之.

무릇 적군을 공격하고자 욕심이 생기거나 적의 성을 공격하려는 욕망이 생긴다면, 적군을 살해하고자 하는 욕심이 생긴다면, 우선적으로 그 수비하는 장수와 좌우에서 보조하는 측근과 고급정보를 전달하는 자, 성문을 지키는 수문장 등의 이름을 먼저 알아야 하며, 아군의 간첩에게 필히 탐색케 하여 정보를 수집하도록 명령해야 한다.

必索敵人之間來間我者 因而利之
導而舍之 故反間可得而用也.

적의 간첩이 잠입해 들어왔을 때는 이를 찾아내 죽이지 말고 역으로 이용해야 한다. 적의 간첩을 매수하여 반간으로 만들어 적국으로 돌려보내는 데는 이러한 이유가 있기 때문이다.

因是而知之 故鄕間 內間可得而使也.

적진으로 다시 되돌아간 반간은 적의 주민이나 관리를 포섭하여 향간과 내간을 만들게 된다.

因是而知之.
故死間爲誑事可使告敵 因是而知之 故生間 可使如期.

그런 다음에 사간을 몰래 적국에 들여보내 거짓 정보를 유포시키면 생간도 계획대로 임무를 수행할 수 있게 되는 것이다.

五間之事 君必知之 知之必在於反間 故反間不可不厚也.

군주는 이 다섯 종류의 간첩의 이용 방법을 충분히 알고 있어야 한다. 그리고 이들 중에서도 가장 중요한 것이 반간이기 때문에 그에 대한 대우를 특별히 후하게 하지 않으면 안 된다. 왜냐하면 군주는 모든 간첩들의 활동 상황을 반간反間을 통해서 알게 되기 때문이다.

昔殷之興也 伊摯在夏
周之興也.
呂牙在殷.

옛날에 은나라가 흥하게 될 때 이윤은 원래 하나라에 있었고, 주나라가 흥하게 될 때 여상은 은나라에 있었다. 이들은 반간이었다.

故惟明君賢將 能以上智爲間者
必成大功 此兵之要 三軍之所恃而動也.

그러므로 명철한 군주와 현명한 장수라야 뛰어난 지혜로써 간첩을 이용하여 큰 공을 이룰 수 있는 것이다. 이것이 바로 전쟁에서 중요한 용병술이며 삼군이 지도자를 믿고 움직이는 근거가 되는 것이다.

누구나 한번쯤
읽어야 할 손자병법

개정1판 1쇄 인쇄 2024년 01월 09일
개정1판 1쇄 발행 2024년 01월 15일

엮은이 | 미리내공방
펴낸이 | 최윤하
펴낸곳 | 정민미디어
주 소 | (151-834) 서울시 관악구 행운동 1666-45, F
전 화 | 02-888-0991
팩 스 | 02-871-0995
이메일 | pceo@daum.net
편 집 | 미토스
표지디자인 | 강희연
본문디자인 | 디자인 [연;우]

ⓒ 정민미디어

ISBN  979-11-91669-59-6 (03190)